बहुजन काव्य तरंग

बुद्धप्रिय कमलेश कुमार प्रभाकर

 pencil

ISBN 978-93-5458-823-5
© B.P. Kamlesh Kumar Prabhakar 2021
Published in India 2021 by Pencil

Contributors:
Editor: BUDHI SAGAR GAUTAM

A brand of
One Point Six Technologies Pvt. Ltd.
123, Building J2, Shram Seva Premises,
Wadala Truck Terminal, Wadala (E)
Mumbai 400037, Maharashtra, INDIA
E connect@thepencilapp.com
W www.thepencilapp.com

Author biography

कवि का परिचय

नाम- कवि बुद्धप्रिय कमलेश कुमार प्रभाकर

माता का नाम- श्रद्धेया लक्ष्मी देवी

पिताका नाम- श्रद्धेय संत प्रसाद

पत्नीका नाम- सरिता देवी

पुत्रीका नाम- धम्मप्रिया शिक्षा प्रभाकर

पुत्रका नाम- बुद्धप्रिय सम्राट प्रभाकर

जन्मस्थान- ग्राम- सोनहरियां, क्षेत्र- जमानियां, जनपद- गाजीपुर, उत्तर प्रदेश, भारत।

शिक्षा- बी.ए., बी.एड, संगीत प्रभाकर

व्यवसाय- शिक्षक

सम्प्रति/ कार्य स्थल- प्राथमिक विद्यालय, महेवां, क्षेत्र- जमानियां, जनपद- गाजीपुर, उत्तर प्रदेश, भारत।

साहित्यकयोगदान- समतावादी मासिक ई-पत्रिका प्रभारी/दैनिक कार्यक्रम प्रभारी, समतावादी कलमकार साहित्य शोध संस्थान, भारत।

प्रकाशित रचनाएं- संविधान, होलिका गौरव, मौत का खौफ नहीं, तथागत गौतम बुद्ध, संत गाडगे बाबा, डॉ भीमराव अम्बेडकर, धरती आबा बिरसा मुंडा आदि।

पुस्तक प्रकाशन- समतावादी काव्य (साझा संग्रह), स्पंदन 2 (साझा संग्रह), काव्य बसंत (साझा संग्रह), काव्य प्रभात (साझा संग्रह), काव्य नव तरंग (साझा संग्रह)

सम्मान/अवार्ड- समतावादी रत्न, समतावादी कलमवीर, भारत रत्न डॉ. अम्बेडकर यश भारती, तथागत गौतम बुद्ध ज्ञान गौरव, संत कबीर साहित्य गौरव, महानायक बिरसा मुंडा स्मृति, आदर्श रचनाकार, श्रेष्ठ रचनाकार, सर्वश्रेष्ठ रचनाकार आदि।

पता- ग्राम- सोनहरियां, क्षेत्र- जमानियां, जनपद- गाजीपुर उत्तर प्रदेश, भारत, पिन- 232336

ईमेल- trkamleshprabhakar@gmail.com

मोबाइल नंबर- 8707278778

CONTENTS

Epigraph

प्रस्तावना

सम्मानित साथियों,

"नमो बुद्धाय, जय भीम, जय भारत से करूं अभिवादन।

बहुजन समाज के संत, गुरु, महापुरुषों को सादर नमन।।

"बहुजन समाज जिसके अंतर्गत अनुसूचित जाति, अनुसूचित जनजाति, अन्य पिछड़ा वर्ग और अल्पसंख्यक समुदाय शामिल है, भारत की कुल जनसंख्या का लगभग 85 प्रतिशत एक वृहद स्वरूप के बावजूद भी सदियों से शोषण, अत्याचार, गुलामी और आर्थिक तंगी का शिकार होता आ रहा है। हम पर अमानवीय व्यवहार होने का मुख्य कारण हजारों जातियों में बंटा होना और एक जाति का दूसरी जाति से श्रेष्ठ या नीच मानना है। शोषक वर्ग ने "फूट डालो, राज करो" नीति से हमें कभी एक नहीं होने दिया। हम आजादी के 74 वर्ष के बाद भारतीय संविधान द्वारा प्रदत्त समस्त अधिकारों के बावजूद भी कभी केंद्र में अपनी सरकार नहीं बना पाए। हम अपनी अपनी जातियों के प्रतिनिधित्व में ही खुश हैं और शासक वर्ग की अच्छाइयां गिनाने और चमचागिरी करने में मस्त हैं। हमारा बहुजन समाज पूजा-पाठ उपवास, व्रत -त्योहार, दान दक्षिणा, पाप-पुण्य, कर्मकांड, पाखंड, अंधविश्वास में जकड़ा

हुआ है जिसे अपने समाज के सम्मान, उत्थान-पतन से कोई मतलब या लेना-देना नहीं है। ऐसे में मैं इस पुस्तक के माध्यम से अपने महापुरुषों के जीवन त्याग और उनके समाजोत्थान हेतु किए गए कार्यों से अवगत कराने का छोटा सा प्रयास कर रहा हूं। मान्यवर कांशीराम साहेब कहते हैं, " मेरे अकेले के प्रयास से यह समाज नहीं बदल सकता लेकिन मैं कोशिश इसलिए करता हूं क्योंकि पानी में हलचल मचाने के लिए एक पत्थर ही काफी है।" मैंने अपने समाज में जनजागृति लाने के लिए अपनी लेखनी को माध्यम बनाया हूं। "हृदय वेदना लिखा है मैंने, अश्क बनें स्याही हैं।समाजोत्थान उद्देश्य मेरा, मैंने कदम बढ़ाई है।।" हमें आशा और विश्वास है कि आपको यह पुस्तक अवश्य ही पसंद आयेगी। आपको हृदय से साधुवाद।

☐☐☐

आपका अपना साथी :

कवि बुद्धप्रिय कमलेश कुमार प्रभाकर

गाजीपुर, उत्तर प्रदेश, भारत।

दूरभाष संख्या : 08707278778

Foreword

सादर समर्पण

तथागत गौतम बुद्ध, बाबा साहेब डॉ. भीमराव आम्बेडकर, सम्राट अशोक महान, बोधिसत्व रविदास, बोधिसत्व कबीर, बोधिसत्व गाडगे बाबा, नारायणा गुरु, पेरियार ई. वी. रामास्वामी नायकर, छत्रपति शाहूजी महाराज, महात्मा ज्योतिबा फूले, राष्ट्र माता सावित्रीबाई फूले, माता रमाबाई, फातिमा शेख, माता झलकारी बाई, महानायिका फूलन देवी, बहुजन नायक मान्यवर कांशीराम साहेब, पेरियार ललई सिंह, बौद्धाचार्य शांति स्वरूप बौद्ध तथा बहुजन समाज में जन्म लिए संत, गुरुओं, महापुरुषों, प्रभावशाली नारियों के पावन चरणों में कोटि-कोटि नमन वंदन करते हुए अपने पिता श्रद्धेय संत प्रसाद और माता श्रद्धेया लक्ष्मी देवी के पावन चरणों में स्वयं तथा अपनी प्रथम एकल प्रकाशित इस पुस्तक को समर्पित करता हूं।

० रचनाकार ०

कवि बुद्धप्रिय कमलेश कुमार प्रभाकर

ग्राम - सोनहरियां, क्षेत्र - जमानियां,

जिला - गाजीपुर (उ. प्र.), भारत।

मो. नंबर - 8707278778.

Acknowledgements

आभार

मैं सर्वप्रथम परम पूज्य बाबा साहेब डॉ.भीमराव अम्बेडकर जी का आत्मिक आभार प्रकट करता हूं जिन्होंने संविधान द्वारा हमें समस्त अधिकार प्रदान किया जिनके माध्यम से शिक्षक पद पर सेवा करते हुए अपना विचार और अनुभव इस पुस्तक में व्यक्त कर रहा हूं।

तत्पश्चात अपने पूज्य माता-पिता जी का आभार व्यक्त करता हूं जिन्होंने मुझे अपने आर्थिक तंगी के वावजूद भी उच्च शिक्षा दिलाया तथा मुझे कभी भी जीवन में निराश नहीं होने दिया। वह मुझे संगीत, खेल, कला और साहित्य के क्षेत्र में बेहतर करने के लिए मेरा उत्साह वर्धन करते रहे।

मैं अपने साहित्यिक गुरु तथा परम मित्र श्रद्धेय बुद्धप्रिय सुरेश सौरभ गाजीपुरी जी का हृदय से आभार व्यक्त करता हूं जिन्होंने ने मुझे हिन्दी साहित्य की रचना हेतु मुझे अभिप्रेरित

और मेरी रचनाओं की समीक्षा करते हुए मेरा उत्साह वर्धन करते रहते हैं।

मैं परम मित्र, हिंदी साहित्य के समतावादी कलमकार साहित्य शोध संस्थान के संस्थापक/अध्यक्ष तथा इस पुस्तक के संपादक श्रद्धेय बुद्धि सागर गौतम जी का हार्दिक आभार व्यक्त करता हूं जिन्होंने मुझे साहित्य जगत में पहचान दिया तथा जिनके अतुलनीय अथक परिश्रम और त्याग से आकर्षक रूप में संपादित यह पुस्तक आप सभी को प्राप्त हुआ है।

आप सभी मार्ग प्रदाता एवं पथप्रदर्शक का हार्दिक साधुवाद ज्ञापित करते हुए सादर नमो बुद्धाय, जय भीम, जय बहुजन समाज, जय संविधान, जय भारत से अभिवादन करता हूं।

कवि बुद्धप्रिय कमलेश कुमार प्रभाकर

दैनिक कार्यक्रम प्रभारी

समतावादी कलमकार साहित्य शोध संस्थान, भारत।

(शिक्षक, कवि, लेखक, समीक्षक एवं सामाजिक चिंतक)

ग्राम- सोनहरियां, क्षेत्र-जमानियां, जिला-गाजीपुर (उ.प्र.), भारत।

मोबाइल नंबर - 8707278778.

Introduction

वैधानिकचेतावनी

बहुजन काव्य तरंग एकल काव्य संग्रह में प्रकाशित सभी रचनाएं इस पुस्तक के रचयिता श्रद्धेय बुद्धप्रिय कमलेश कुमार प्रभाकर जी के द्वारा रचित हैं। भविष्य में किसी भी वाद विवाद अथवा कॉपीराइट का उल्लंघन होने पर रचनाकार स्वयं जिम्मेदार होंगे। इसके लिए प्रकाशक संपादक तथा विक्रेता किसी भी प्रकार से जिम्मेदार नहीं होंगे। पुस्तक में व्यक्त विचार रचनाकार के व्यक्तिगत हैं। किसी भी वाद-विवाद की स्थिति में न्यायिक क्षेत्र गोरखपुर न्यायालय ही होगा।

संपादकीय

नमन बुद्ध जी, भीम जी,

रखें स्वस्थ सब अंग।

सफल प्रकाशन हो रहा,

बहुजन काव्य तरंग।

करूं समर्पित पुस्तिका,

संपादन कर शुद्ध।

जिसको कवि कमलेश जी,

लिखें ध्यान रख बुद्ध।

करे सभी को जागरूक,

बहुजन काव्य तरंग।

सब जन को शिक्षित करे,

राजा हो या रंक।

बहुत बधाई आपको,

बुद्ध प्रीय कमलेश।

आप सदा खुश हाल हों,

तनिक रहे नहिं क्लेश।

बहुजन काव्य तरंग को,

लिक्खे कवि कमलेश।

महकाते खुश्बू सदा,

करते हैं ना द्वेश।

सागर संपादन किये,

लिए बुद्ध का नाम।

बहुजन काव्य तरंग भी,

होगी जग सन्नाम।

मैं सबसे पहले करुणा के सागर, महामानव तथागत बुद्ध, बाबा साहब डॉक्टर भीमराव अंबेडकर, महात्मा ज्योतिबा फुले, छत्रपति शाहूजी महाराज, मां सावित्रीबाई फुले, मां रमाबाई अंबेडकर जी तथा अपने कालजयी माता-पिता श्रद्धेय परशुराम बौद्ध जी, श्रद्धेया दुलारी देवी जी को शत-शत

नमन, वंदन करता हूं। बड़े ही हर्ष की बात है कि मेरे संपादन में सम्मानित मंच "समतावादी कलमकार साहित्य संस्थान, भारत" के दैनिक कार्यक्रम प्रभारी तथा समतावादी मासिक पत्रिका के पत्रिका प्रभारी, "समतावादी रत्न" आ. बुद्धप्रिय कमलेश कुमार प्रभाकर जी का प्रथम एकल काव्य संग्रह "बहुजन काव्य तरंग" प्रकाशित हो रहा है जिसमें उनकी उत्कृष्ट कविताएं तथा गीत आदि संकलित हैं। इसके लिए मैं आ. बुद्धप्रिय कमलेश कुमार प्रभाकर जी को ढेर सारी बधाइयां तथा मंगलकामनाएं प्रेषित करता हूं। आप एक कर्मठी तथा लगनशील साहित्यकार तथा उच्च कोटि के शिक्षक भी हैं जो हिंदी क्षेत्र में तथा शिक्षा के क्षेत्र में अपना महत्वपूर्ण योगदान दे रहे हैं। आप अपनी लेखनी के माध्यम से बहुजन समाज ही नहीं अपितु पूरे विश्व के लोगों को अपनी लेखनी के माध्यम से जागरूक करने का प्रशंसनीय कार्य कर रहे हैं इसके लिए आप वास्तव में बधाई के पात्र हैं। आप भीम मिशन तथा बुद्ध, धम्म व संघ के पथ पर भी गतिमान रहते हैं। आपकी रचनाओं में ढोंग पाखंड पर कड़ा प्रहार होता है साथ ही साथ हमारे बहुजन समाज के संतो, गुरुओं, महापुरुषों तथा वीर नारियों के संदेशों तथा योगदान का समावेश भी होता है जो लोगों में प्रेरणा जागृत करने का काम भी करता है। ऐसे कवि तथा लेखनी को बारंबार अभिवादन करता हूं। आप सदा बुद्ध, धम्म तथा संघ की शरण में रहें तथा इन तीनों ही रत्नों से सभी

को अवगत कराते रहें तथा लाभान्वित भी करते रहें। आप साहित्य तथा सामाजिक क्षेत्र में उच्चतम बुलंदियों को छुएं। हमारी यही मंगल कामना है। हमें आशा ही नहीं अपितु पूर्ण विश्वास है कि यह पुस्तक बहुजन समाज के लोगों तथा सभी देशवासियों को जगाने का कार्य करने में अवश्य सफल होगी। यह पुस्तक सभी सम्मानित पाठकों को अवश्य पसंद आएगी। नमो बुद्धाय, जय भीम, जय भारत, जय संविधान। बहुत-बहुत धन्यवाद।

भवतु सब्ब मंगलं। साधु साधु साधु।

आपका अपना :

बुद्धि सागर गौतम

संपादक,

बहुजन काव्य तरंग, समतावादी काव्य संग्रह, प्यार की खुशबू, समतावादी मासिक ई-पत्रिका।

अध्यक्ष,

समतावादी कलमकार साहित्य शोध संस्थान, भारत।

शिक्षक,

स्पर्श राजकीय दृष्टिबाधित बालिका इंटर कालेज,

गोरखपुर, उत्तर प्रदेश, भारत - 273005.

स्थायी पता :

ग्राम इटहर, पोस्ट सोनखर वाया मुण्डेरवां,

जिला बस्ती, उत्तर प्रदेश, भारत - 272178.

दूरभाष संख्या : 9412646123.

शुभकामना संदेश

मेरे लिए प्रसन्नता का विषय है कि मेरे परम मित्र समतावादी कलमकार साहित्य शोध संस्थान, भारत के दैदीप्यमान दैनिक कार्यक्रम प्रभारी व समतावादी मासिक ई-पत्रिका के पत्रिका प्रभारी "समतावादी रत्न" आदरणीय बुद्धप्रिय कमलेश कुमार प्रभाकर जी के प्रथम काव्य संग्रह "बहुजन काव्य तरंग" नामक पुस्तक का प्रकाशन होने जा रहा है। यह हमारे लिए गौरव की बात है ।

भारतीय समाज के कुरूतियों पर करारा प्रहार करते हुए इस एकल काव्य संग्रह में बहुजन महापुरुषों के व्यक्तिगत योगदान को काव्यात्मक सांचे में ढालने पर मन मंत्रमुग्ध हो जाता है । इसमें सामाजिक स्वरूप की व्याख्या बड़े ही संजीदगी के साथ प्रभाकर जी के द्वारा किया गया है।

मुझे आशा और पूर्ण विश्वास है कि प्रभाकर जी का यह संग्रह बहुजन उत्थान और उनकी तीसरी आज़ादी में मील का पत्थर साबित होगा। मुझे उम्मीद है कि पाठकगण के बीच में यह पुस्तक अवश्य ही लोकप्रिय होगी।

इस अनूठे काव्य संग्रह के प्रकाशन की हृदय की अनंत गहराइयों से ढेर सारी बधाई और शुभकामनाएं प्रेषित करता हूँ ।

बुद्धप्रिय सुरेश सौरभ ग़ाज़ीपुरी

(सह अध्यक्ष)

समतावादी कलमकार साहित्य शोध संस्थान, भारत।

(सह संपादक)

समतावादी मासिक ई-पत्रिका

पेरियार ललई सिंह यादव

पेरियार ललई सिंह यादव,

क्रांति की जला गये लौ।

सच्ची रामायण लाये,

कोर्ट से विजय पाये।

जन्मदिन है करते नमन,

नमन लेके भाव सुमन।

जयघोष गुंजे गगन,

गगन आज हैं हम मगन।।

कानपुर देहात में,

गांव था कठारा।

पिता गुज्जू सिंह मा का,

मूला नाम प्यारा।

एक सितंबर सन् ग्यारह,

तिथि को जन्म लिये वह।

माता पिता के जीवन में,

हर्ष आया है मन में।

बजी शहनाई भवन,

भवन लिए लल्ला जनम।।

वह थे सिपाही सशस्त्र,

पुलिस कम्पनी का।

सिपाही की तबाही लिखे,

क्रूरता कम्पनी का।

हड़ताल की सजा पाए,

पांच साल जेल में बिताए।

धर्मग्रंथों को पढ़ डाले,

सबकी वह सार निकाले।

सच्ची रामायण की कुंजी,

कुंजी जो मिटाये भरम।।

आस्था पर चोट का,

लिख गया मुकदमा।

अडिग रहे वह लड़े,

मजबूती से मुकदमा।

सुप्रीम कोर्ट से जीत पाए,

पुस्तक सम्मान से पाये।

अपना धर्म छोड़ आए,

बौद्ध धम्म को अपनाये।

दिये हैं वह अनुपम सृजन,

सृजन जो बदल दे जीवन।।

पेरियार ई. वी. रामासामी नायकर

पूज्य पेरियार ई. वी. रामास्वामी, नायकर को शत-शत नमन है।

जन्म दिवस पर आज पूजनीय को, अर्पित श्रद्धा का सुमन है।।

तर्कशील साहित्यकार, मानवता के प्यारे।

पाखंड विरोधी वह तो, धर्म को नकारे।

सच्ची रामायण लिखकर चौंकाये, काल्पनिक बताये भगवन है।।

जन्म दिवस पर आज पूजनीय को, अर्पित श्रद्धा का सुमन है।।

क्रांति की लौ क्रांतिकारी ने जलाया।

ईश्वर का जग में नहीं अस्तित्व बताया।

धूर्त लोगों ने है, ईश्वर को बनाया, पेरियार साहेब का कथन है।।

जन्म दिवस पर आज पूजनीय को, अर्पित श्रद्धा का सुमन है।।

छठा इन्द्रिय ज्ञान है, तर्क करें हम।

जीव जातिहीन हैं जाति में बंटे हम।

जाति के कारण हम अपमान से लड़ते, पेरियार जी का यह वचन है।।

जन्म दिवस पर आज पूजनीय को, अर्पित श्रद्धा का सुमन है।।

त्रिरत्न (बुद्ध, धम्म और संघ)

त्रिरत्न मेरे दिल में, मैं बुद्ध शरण जाऊं।

मैं धम्मप्रिय बन जाऊं, मैं संघप्रिय बन जाऊं।।

जीव हिंसा, तज हमने बस प्रेम करूं सबसे।

चोरी, व्याभिचार, नशा से दूर हूं कबसे।

पंचशील आचरण से जीवन सफल बनाऊं।।

त्रिरत्न मेरे दिल में मैं बुद्ध शरण जाऊं।।

भंते भिक्खु संघ प्रति, सम्मान मेरे दिल में।

अष्टांगिक मार्ग चलूं है ध्यान मेरे दिल में।।

मैं जो भी ज्ञान पाऊं, उसे बांटता मैं जाऊं।।

त्रिरत्न मेरे दिल में, मैं बुद्ध शरण जाऊं।।

मानव की करूं सेवा जीवन लक्ष्य मेरा।

असहाय वंचित जन का हर संभव मदद मेरा।

तन मन धन और समय मैं त्रिरत्न पर लुटाऊं।।

त्रिरत्न मेरे दिल में, मैं बुद्ध शरण जाऊं।।

तथागत बुद्ध शरण

बुद्ध की शरण में जाके, चरणों में सिर झुकाके।

महिमा मैं उनकी गाऊँ, बुद्ध की गथा सुनाऊँ।।

कपिलवस्तु नेपाल के राजा शुद्धोधन थे रहते।

उनकी महारानी महामाया शाक्य रानी भी कहते।

गोद में आये, जन्म वह पाये, बुद्ध सबको हर्षाये।

माता ने दम था तोड़ा, लुम्बिनी वन में संग छोड़ा।

सिद्धार्थ था नाम बताऊं, मैं बलिहारी हो जाऊं।।

पांच सौ तिरसठ ईसा पूर्व, जन्म लिये थे धरा पर।

मौसी गौतमी ने पाला था गौतम नाम गया पड़।

यशोधरा थी जीवन साथी, राहुल पुत्र और दासी।

फिरभी खुश नहीं मन था, चिंतित व्याकुल जीवन था।

कैसे कोई रिझाए, कोई समझ ना पाये।।

एक दिन जिद कर नगर में निकले, वृद्ध,रोगी, शव देखे।

दुःख का कारण क्या हो सकता, उत्सुक हो गृह त्यागे।

वन वन भटके, तप किये डटके, फिर भी सत्य को वह तरसे।

फिर बोधगया में आकर, सुजाता का खीर खाकर।

बोधि वृक्ष नीचे ज्ञान पाये, सम्यक सम्बुद्ध कहाये।।

सारनाथ में ज्ञान दिये थे पांच बने अनुयाई।

विश्व प्रकाश पुञ्ज बन धम्म ख्याति दिलाई।

चार सत्य, अष्टांगिक, मार्ग दिये श्रेयस्कर।

पंचशील का आचरण हो, श्रद्धा से त्रिशरण हो।।

जीवन सफल बिताऊं, मंगल ही मंगल पाऊं।।

चार सौ तिरासी ईसा पूर्व में महापरिनिर्वाण प्राप्त हुए।

कुशीनगर वह स्थल है शयन रूप में व्याप्त हुए।।

वैशाख पूर्णिमा, है बुद्ध पूर्णिमा,

जन्म, ज्ञान, निर्वाण हुआ।

पंचशील दीप जलाऊं, पंचशील ध्वज फहराऊं।

बुद्ध पूर्णिमा आज मनाऊं, पूजन में सुमन बरसाऊं।।

भारत लेनिन बाबू जगदेव प्रसाद कुशवाहा

गाथा भारत लेनिन की, बहुजन तुम्हें सुनाऊं।

बाबू जगदेव जी के, संघर्षों को मैं बताऊं।।

दो फरवरी सन् बाइस में, बिहार के बोधगया में।

कुर्था प्रखंड में जन्मे कुरहारी ग्रामसभा में।।

मां रासकली पिता का, था प्रयाग नाम बताऊं।।

बाबू जगदेव जी की, संघर्षों को मैं बताऊं।।

बचपन से वह जुझारू, विद्रोही स्वभाव के थे।

विद्यार्थी मेधावी सच्चे, नेतृत्वकर्ता वे थे।

राजनीति में शोषित की आवाज थे बताऊं।

बाबू जगदेव जी के संघर्षों को मैं बताऊं।।

भारत में सौ में नब्बे, शोषित की है आबादी।

नब्बे ने अज्ञानता से सत्ता दस को थमा दी।

कुर्बान जान कर गए, इनका जयघोष लगाऊं।।

बाबू जगदेव जी की, संघर्षों को मैं बताऊं।।

लम्बी कठिन लड़ाई की राह वह दिखाये।

बहुजन के पास चाभी सत्ता की हो बताये।।

संगठित होकर बहुजन तूं, संख्या दिखा समझाऊं।।

बाबू जगदेव जी के, संघर्षों को मैं बताऊं।।

image widget

नारी उद्धारक बाबा साहेब

आओ जानें महिला उत्थान में बाबा साहेब का योगदान।

महिलाओं के सम्मान बढ़ाने के लिए किये हैं क्या क्या काम।।

आज की सरकारें जिस महिला सशक्तिकरण की बात करें।

असली नायक भीमराव अम्बेडकर जी थे बात साफ़ कहें।।

फरवरी सन् उन्नीस सौ एक्यावन में हिन्दू कोड बिल पेश किए।

हिन्दू महिलाओं को पुरुषों के समान हक़ मिले उल्लेख किए।।

बहु-विवाह को बंद कर एकल विवाह का प्रावधान किए।

महिलाओं को संपत्ति का हक़ व गोद लेने का विधान दिए।।

पुरूष के समान स्त्री को भी तलाक़ लेने का अधिकार दिए।

प्रगति में अवसर व महिला आरक्षण दिलाने का कार्य किए।।

बिल को पास कराना नहीं था कोई आसान सा काम।

संसद के अंदर बाहर विरोधी थे कट्टर लोग तमाम।।

तत्कालीन राष्ट्रपति प्रधानमंत्री ने भी इसका विरोध किया।

बाद में यही लोगों ने महिला हितैषी का ढोंग किया।।

इस बिल के घोर विरोध ने बाबा साहेब का मन दुखित किया।

सत्ताईस सितंबर सन् एकावन को कानून मंत्री पद से इस्तीफा दिया।।

महिला संगठन के आंदोलन विदेशियों ने जब निंदा किया।

सन् उन्नीस सौ छप्पन में यह बिल पारित हुआ अधिकार मिला।।

आज जिस अधिकार के बल पर महिला को समान अवसर मिला।

वे महिलाएं बाबा साहेब को नहीं जानती ऐसा अक्सर मिला।।

जिस धर्म ने महिला को भोग विलास की वस्तु कहा।

उस धर्म को सर्वोपरि माना बाबा साहेब को नकार दिया।।

बहिष्कृत भारत, मूक नायक में नारी शिक्षा की बात किये।

सन् बयालिस में मातृत्व लाभ विधेयक का सौगात दिये।।

बाल विवाह और देवदासी प्रथा का निरंतर विरोध किए।

मातृत्व अवकाश मिले महिला बाबा साहेब संघर्ष किए।।

अद्वितीय अनुपम भारतीय संविधान जनक बाबा अम्बेडकर।

महिलाओ को पग पग पर सम्मान दिलाते संघर्ष कर।।

कलम

कलम से लिखने से पहले बाबा साहेब को नमन करूं।

झाड़ू वाले हाथों में वह कलम दिये हैं पूजन करूं।।

बाबा साहेब ने संविधान से, शिक्षा का द्वार खोल दिया।

कलम की ताकत से मिलेंगे, सभी अधिकार बोल दिया।।

कलम के बल पर सत्ता चलती लिखती कलम कानून को।

कलम के बल से ताकत मिलती, आंदोलन के जुनून को।।

कलम जन जागृति लाती अपने हक को जानो साथी।

सम्मान से जीना है तो इस ताकत को पहचानो साथी।।

कलम ने ही विज्ञान लिखा लिखा भूगोल इतिहास को।

धार्मिक ग्रंथों को लिखा पूजे जन बढ़ाये विश्वास को।।

अंध श्रद्धा, अंध भक्ति, बढ़ाये अंध विश्वास को।

ईश्वर की महिमा बढ़ाये, भूले मानव के विकास को।।

धन यश हेतु जो साहित्यकार गुढ़ असत्य को सत्य लिखें।

करता हूं निंदा उस गुलाम का जो पक्षपाती बन पक्ष लिखे।।

तथागत गौतम बुद्ध

नमन करें सम्यक सम्बुद्ध को, करें योग और ध्यान।

सबको दीजै ज्ञान तथागत, सबका हो कल्याण।।

सत्य, अहिंसा, मानवता का पाठ पढ़ाया आपने।

समता, न्याय, बंधुत्व के; गुण सिखाया आपने।।

शील, प्रज्ञा और करुणा को बरसाया आपने।

पंचशील के आचरण से मानव बनें महान।।

सबको दीजै ज्ञान तथागत सबका हो कल्याण।।

नशाखोरी और व्याभिचार का बढ़ा धरा पर रोग।

बौद्ध धम्म सबकी जरूरत पर क्यों भागे लोग।।

संत महात्मा बन बन कर जन करने लगे हैं ढोंग।

मानव को यहां नहीं रहा अब मानव की पहचान।।

सबको दीजै ज्ञान तथागत सबका हो कल्याण।।

त्रिविध पावनी बुद्ध पूर्णिमा, की मंगल घड़ी आई।

जन्म, ज्ञानोत्सव, महापरिनिर्वाण तिथि है आई।।

पंचशील पताका फहरे घर घर में खुशी है छाई।

त्रिशरण, पंचशील, वन्दना का करें सब गान।।

सबको दीजै ज्ञान तथागत सबका हो कल्याण।।

छत्रपति शाहूजी महाराज

परम पूज्य हैं छत्रपति शाहूजी महाराज।

कृतज्ञता से नमन करें भारतवासी आज।।

शिवा जी के पौत्र थे कोल्हापुर के नरेश।

कल्याणकारी महाराज को याद करता देश।।

आरक्षण के जनक थे समतावादी मीत।

न किसी को श्रेष्ठ समझते न किसी को नीच।।

निःशुल्क अनिवार्य कर दिए शिक्षा अधिकार।

शैक्षिक उन्नति देश उन्नति थे उनके विचार।।

90 प्रतिशत आरक्षण पाया शुद्र समाज।

गरीब छात्रों हेतु बनवाये बाईस छात्रावास।।

सती प्रथा का अंत किये थे बंद बाल विवाह।

मान्यता दिये हुआ शुरू विधवा का विवाह।।

बलुतदारी, देवदासी प्रथा किये थे अंत।

राजर्षी महान थे समाज सुधारक संत।

वाहे गुरु संत शिरोमणि रविदास

शिरोमणि इतिहास बन गए।

संतो की अरदास बन गए।।

गुरुमुखी लिपि का प्रणेता।

क्रांति की आस बन गये।।

माघ पूर्णिमा सन् तेरह

सौ अट्ठानबे शुभ घड़ी।

काशी में जन्मे गुरु रैदास जी

बधाईयों की लगी झड़ी।

पिता संतोखदास मां कलशा देवी

के घर में ज्योति जली।।

संतों का विश्वास बन गये।।

शिरोमणि इतिहास बन गये।।

जाति भेद और पाखंडों

पर आघात किये।

दीन दुखियों पर करुणा

की बरसात किये।

पाखंडों का विरोध किये।

वह समता की बात किये।।

क्रांति की विसात बन गये।।

शिरोमणि इतिहास बन गये।।

सुख के दो वह ठांव दिखाये

स्वराज था एक सपना।

राजा प्रजा में आर्थिक समता

मरघट गांव भी हो अपना।

नहीं ईश माना श्रम को ही जाना

मन से किये सब साधना।

मीरा के गुरु खास बन गये।।

शिरोमणि इतिहास बन गये।।

संत गाडगे बाबा महाराज

कटोरा मिट्टी का वह टोपी लगाते थे।

संत गाडगे बाबा सभी को भाते थे।

स्वच्छ बनाते गांव जहां पर जाते थे।

बच्चों को शिक्षा दो सीख सिखाते थे।।

सन् अठारह सौ छिहत्तर था फरवरी मास।

तारीख थी तेईस डेबूजी का जन्मदिन खास।।

फकीर जैसा अपना भेष बनाते थे।।

संत गाडगे बाबा सभी को भाते थे।।

गांव-गांव में उपदेश से जो पैसे पाते थे।

उन पैसों से अस्पताल विद्यालय बनवाते थे।।

खुद के लिए कुटिया भी नहीं बनाते थे।।

संत गाडगे बाबा सभी को भाते थे।।

रंगभेद और जातिभेद के घोर विरोधी थे।

शराबबंदी चाहते परोपकार के बोधी थे।

मानवता के शिक्षक वह कहलाते थे।।

संत गाडगे बाबा सभी को भाते थे।।

अस्पृश्यहित में किए निर्मित धर्म शाला।

पशुओं की रक्षा में बनवाए गौशाला।

वह कबीर रैदास के भजन गाते थे।।

संत गाडगे बाबा सभी को भाते थे।।

मानव की सेवा को ईश्वर से बड़ा मान दिये।

अंधविश्वास कर्मकाण्ड पर कुठाराघात किये।।

जिससे बाबा साहेब मिलने आते थे।।

संत गाडगे बाबा सभी को भाते थे।।

हमारा संविधान

संविधान ने हक दिया हमारा तुम्हारा हमारा तुम्हारा।

संविधान ने पशु से भी बदतर जीवन को संवारा।।

बाबा साहेब अमर रहें जो नेक कार्य कर पाये।

२ वर्ष ११ माह १८ दिन में संविधान बनाये।

२६ नवंबर सन् १९४९ दिवस था प्यारा।।

संविधान सभा ने इस संविधान को स्वीकारा।।

देश हुआ गणतंत्र २६ जनवरी सन् ५० को।

पूर्ण कर रहा स्वतंत्रता समानता के आस को।

अखंडता और एकता का चहुंदिस गुंजे नारा।।

सर्वधर्म सम्प्रदाय का आपस में भाईचारा।।

संसदीय शासन प्रणाली सम न्यायिक अधिकार है।

अवसर में समानता मिला मौलिक अधिकार है।

जाति लिंग और वंश के भेदभाव को दुत्कारा।।

भेदभाव के दोषी को सजा का प्रबंध है सारा।।

यह विश्व का सबसे बड़ा लिखित संविधान है।

धनी गरीब वंचित दिव्यांग सबका एक विधान है।

सभी को शिक्षा का अधिकार इसीसे मिलता न्यारा।।

वोट का अधिकार यह देता है प्यारा - प्यारा।।

शिक्षा क्रांति ज्योति

शिक्षा शेरनी का वह दूध जो पी लिया दहाड़ रहा।

अंधविश्वास से लड़ता वह पाखंडों को पछाड़ रहा।।

गुरुकुल में द्विज करते पढ़ाई।

वैश्य शूद्र की थी शामत आई।

बौद्ध काल में सभी को शिक्षा।

बन कर श्रमण पाते थे दीक्षा।।

प्राप्त किया वह शिक्षा जो शिक्षा हेतु खाड़ रहा।।

शिक्षा शेरनी का वह दूध जो पी लिया दहाड़ रहा।।

ज्योतिबाफूले की नेक कमाई।

समतावाद की अलख जगाई।

शिक्षा क्रांति की ज्योति जलाई।

प्रथम शिक्षिका सावित्री बाई।।

अपमानित हो शिक्षा देती वर्षा गर्मी जाड़ रहा।।

शिक्षा शेरनी का वह दूध जो पी लिया दहाड़ रहा।।

माता सावित्री बाई फूले।

नारी को शिक्षा दीं ना भूलें।

इनकी पूण्यतिथि पर तूलें।

नारी का सम्मान न भूलें।

शिक्षा का अधिकार मिला जो संविधान है आड़ रहा।।

शिक्षा शेरनी का वह दूध जो पी लिया दहाड़ रहा।।

बाबा साहेब शिक्षा दीप रहे।

ज्ञान का वह प्रतीक रहे।

भारत देश की भीत रहे।सर्वसमाज के मीत रहे।।

नमन करता है विश्व जिसे ज्ञान का खुद एक सार रहा।।

शिक्षा शेरनी का वह दूध जो पी लिया दहाड़ रहा।।

नमन करता है विश्व जिसे ज्ञान का खुद एक सार रहा।।

शिक्षा शेरनी का वह दूध जो पी लिया दहाड़ रहा।।

आओ मिलकर साथ चलें हम

भारत में समरसता लाने, धनी - गरीब का भेद मिटाने।

आओ मिलकर साथ चलें हम, भीम राव का मिशन बचाने।।

शिक्षित कर अधिकार दिलाने, उपेक्षितों के स्तर को उठाने।

आओ मिलकर निकल चलें हम, हर वंचित को न्याय दिलाने।।

ऊंच - नीच का भेद मिटाने, मानवता का सीख सिखाने।

मिल जुल कर प्रयास करें हम, चलो मानव में समानता लाने।।

हर भूखे की भूख मिटाने, असहायों को मदद दिलाने।

चलना है तो साथ चलें हम, हर जुल्मी को सबक सिखाने।।

जुल्मी लगे हैं आंख दिखाने, संविधान को लगे जलाने।

देशद्रोही को औकात दिखाने, संविधान को चलो बचाने।।

शहीद-ए- आज़म सरदार भगत सिंह

शहीद-ए- आज़म सरदार भगत सिंह, को आज शत्-शत् नमन
है।

कृतज्ञता व्यक्त करता है भारत, चरणों में श्रद्धा सुमन
है।।

सितंबर सत्ताईस थी तारीख, सन् उन्नीस सौ सात था।

बंगा में वह जन्म लिए थे, अंग्रेजों को राज था।

सरदार किशन सिंह पिता, विद्यावती कौर माता।

वह बचपन से, थे क्रांतिकारी, रक्त से सिंचित वतन है।।

शहीद-ए- आज़म सरदार भगत सिंह को आज शत्-शत् नमन
है।।

अमृतसर के, जलियांवाला, बाग के नरसंहार से।

मन उद्वेलित हो गया संकल्प लिए हथियार ले।

गदर दल का हिस्सा बने, आजाद जी से मिले।

राजगुरु सुखदेव थे साथी, जिसने दिलाया वतन है।।

शहीद-ए- आज़म सरदार भगत सिंह को आज शत्-शत् नमन है।।

आठ अप्रैल सन् उन्नीस सौ उनतीस, को केंद्रीय सभागार में।

बम और पर्ची फेंके लगाये नारा वे प्रतिकार में।

गिरफ्तारी दी अपनी, सजा खुद की अपनी चुनी।

फांसी का फंदा चूमें क्रांतिकारी, आजाद भारत वतन है।।

शहीद ए आज़म सरदार भगत सिंह को आज शत्-शत् नमन है।।

जेल की डायरी में लिख डाले शोषितों की दास्तान।

धर्म और ईश्वर से उठा भरोसा, नास्तिक अपनी कहे पहचान।।

थे छूआछूत से दुखी, समता की चाहत उठी।

बाबा साहेब से प्रभावित हुए थे, वह थे तभी आज हम हैं।।

शहीद-ए- आज़म सरदार भगत सिंह को आज शत्-शत् नमन है।।

तार्किक बनें हम

अफवाहों को जांचें परखें, शिक्षित हैं हम रखें ध्यान।

तार्किक बनें हम क्या सही है क्या ग़लत करें पहचान।।

पाखंड और अंध विश्वास से अब तक छले गये हैं।

मूर्ति पूजा व्रत त्योहार सब देखें किये गये हैं।।

धन समय परिश्रम को व्यर्थ जगह क्यों करें दान।।

तार्किक बनें हम क्या सही है क्या ग़लत करें पहचान।।

जिस धर्म को सिर पर ढोते उसने हमें नीच कहा है।

अपमान और शोषण का विष पीकर हमने सहा है।।

मानव मानव में भेद करता और स्वयं को कहें महान।।

तार्किक बनें हम क्या सही है क्या ग़लत करें पहचान।।

विज्ञान कहे सत्य, सत्य रहेगा कभी परीक्षण कर लो।

असत्य और अर्थहीन से खुद को किनारा कर लो।।

सत्य नहीं अपनाने वाले ढोंगी होंगे नहीं विद्वान।

तार्किक बनें हम क्या सही है क्या ग़लत करें पहचान।।

साहित्य और समाज

मेरे पुरखों को जाति नाम से सताया गया।

बौद्ध सम्राटों के इतिहास को छिपाया गया।।

कहते हैं साहित्य है समाज का दर्पण।

फिर क्यों नालंदा विश्वविद्यालय को जलाया गया।।

हम पीढ़ी दर पीढ़ी बौद्ध अनुयाई थे।

इसलिए हमको यहां अछूत बनाया गया।।

कहीं हम अपने पूरखों के इतिहास ना पढ़ लें।

इसलिए शिक्षा से महफूज हमें कराया गया।।

कहीं हम ज्ञान और कौशल में निपुण न हो जाए।

अंगूठा काटने यहां द्रोण को बैठाया गया।।

कहीं ये आंख कान सत्य को न देख सुन लें।

आंख फोड़ा गया कान में शीशा डलवाया गया।।

गले में मटकी कमर में झाड़ू मेरे लटकाया।

जुल्म कर हमको राजा से शुद्र बनाया गया।।

मेरा साहित्य है अनुपम जिसे भीम जी ने लिखा।

इसी संविधान से ही भारत को चलाया गया।।

आज भी इनके पेट में दर्द उठ जाता।

जाति भेद से हमें आपस में लड़ाया गया।।

मानवता दम तोड़ रही है

दम तोड़ती मानवता कैसा समाज हो गया।

मानव मानव ना रहा रंगबाज हो गया।।

लोभ ऐश्वर्य पद प्रतिष्ठा जरुरी आज हो गया।

मानवता को मानव मोहताज हो गया।।

मन पर हैवानियत का राज हो गया।

करने लगा शिकार चिड़ीबाज हो गया।।

एक मित्र, मित्र से दगाबाज हो गया।

स्वार्थ सिद्धि ही मकसद आज हो गया।।

अपनों से अपना अब नाराज हो गया।

जुल्मो - सितम का सर पर ताज हो गया।।

जो आदमी शरीफ़ था जालसाज हो गया।

है संत पर बेईमानों का साथ हो गया।।

बेशर्मी में सराबोर अब लाज हो गया।

रुपया कमाने के लिए वह बाघ हो गया।।

रोगियों का मंहगा ईलाज हो गया।

अब रुपया ही जीवन का सरताज हो गया।।

कहते हैं लोग दूषित अनाज हो गया।

अस्पताल प्राणदाता से यमराज हो गया।।

खुन का भी रिश्ता भी दाग़ दाग हो गया।

जातियों में नफरत का इजाद हो गया।।

दो धर्मों का आपस में उन्माद हो गया।

धनी-गरीब में जंग का आगाज हो गया।।

पक्षपात करने वाला समाज हो गया।

घृणा नफरतों से देश बर्बाद हो गया।।

युद्ध हेतु अस्त्र-शस्त्र बम जहाज हो गया।

मानवता मिटाने का नया अंदाज हो गया।।

इंसानियत रोकर बर्बादी पर कह रही।

रुक जा मानव तुझे क्या आज हो गया।।

बुद्ध का संदेश शायद विश्व भूल गया।

जब अमल किया,इंसानियत का राज हो गया।।

इंसानियत का घूंट रहा है दम बचाइए।

मिलकर बचाएंगे जो सबका साथ हो गया।।

हम एक हैं आवाज को बुलंद करेंगे।

आज ही से जीत का आगाज हो गया।।

प्रथम स्वतंत्रता संग्राम सेनानी मातादीन भंगी जी

मातादीन भंगी जी को करते नमन।

गर्व है वह स्वतंत्रता सेनानी रहे।।

वह प्रथम शहीद थे जिनको फांसी मिली।

देशभक्तों में अग्रणी निशानी रहे।।

थे मेरठ के निवासी,वह वर्दी धारी थे।

ईस्ट इंडिया कंपनी के कर्मचारी थे।।

कारतूस बनाना प्रमुख कार्य था।

पर जुनूनी वह एक क्रांतिकारी रहे।

मंगल पांडे से एक दिन मांगे जब पानी।

किया अपमान स्वयं को कहा खानदानी।।

कैसे बनता है कारतूस की सच्चाई।

क्रांति के प्रेरक सुनाते कहानी रहे।।

सन् अठारह सौ सत्तावन की क्रांति में,

आयुधशाला का हर भेद बताते रहे।

जब मुकदमा चला इनके ही नाम से।

पहली फांसी मिली वह सेनानी रहे।।

क्रांतिकारी वीर उधम सिंह

वीर उधम सिंह क्रांतिकारी का हौसला था चट्टान।

मजबूत इरादा से लंदन जा सभा में ली इवायर की जान।।

वह इवायर जो जलियांवाला बाग हत्या को उचित कहा।

था पंजाब का गवर्नर जनरल हुआ था नरसंहार यहां।।

बचपन था इस रक्तपात को आंखों से वह देखे थे।

इस क्रूर की जान लेने का मन ही मन वह सोचे थे।।

13 मार्च सन् 1940 में वह लंदन गये।

सभा कर रहे इवायर की सीने को छलनी किये।।

वीर उधम सिंह ने सिखाया अन्याय शोषण नहीं भूलते हम।

अवसर की तलाश हैं करते प्रतिशोध को तुलते हम।।

क्रांतिकारी वीर उधम सिंह पर करता है बहुजन नाज़।

नमन करें हम ऐसे वीर का गौरवान्वित है भारत आज।

समाज सुधारक नारायणा गुरु

केरल के अद्य निर्माता नारायणा गुरु।

समता विचार दाता नारायणा गुरु।।

एक जाति एक धर्म एक ईश्वर है मानव।

मानवता की गाथा नारायणा गुरु।।

गुफा में वह तपस्या कर ज्ञान पाये थे।

बंधुता करुणा विधाता नारायणा गुरु।।

जो जातिवाद करता वो भगवान नहीं है।

दर्शाये जो समानता नारायणा गुरु।।

मंदिर में मूर्ति की जगह दर्पण लगाये थे।

साहित्य सृजन दाता नारायणा गुरु।।

कृतज्ञता से उनको शत-शत करूं नमन।

मिटाते ज्ञान पिपासा नारायणा गुरु।।

सामाजिक परिवर्तन

मिले सबको समान शिक्षा तो यह सामाजिक परिवर्तन है।

राष्ट्र प्रगति में मिले अवसर तो यह सामाजिक परिवर्तन है।।

आजादी से पहले तो देश की दशा भयावह थी।

हर वंचित न्याय पाये तो यह सामाजिक परिवर्तन है।।

दिया संविधान ने सबको अधिकारों का तोहफा।

अपने अधिकार हेतु लड़ना भी सामाजिक परिवर्तन है।।

खुद को पहचान रे बहुजन गुलामी करना अब छोड़ो।

सहोगे कब तक तुम शोषण लड़ना सामाजिक परिवर्तन है।।

अपनी अज्ञानता त्यागो शासन करना है जागो।

संगठित हो जाओ एकता दिखाना सामाजिक परिवर्तन है।।

साम दाम दण्ड और भेद से हमारी एकता टूटा।

गिराये गये हैं हम कई बार संभलना सामाजिक परिवर्तन है।।

जीत जायेंगे हम

संगठन पर है विश्वास।

लक्ष्य प्राप्ति का प्रयास।।

कारवां बढ़ता रहेगा।

लिखना है हमें इतिहास।।

लगा दिये पूरा दम खम।

जी हां, जीत जायेंगे हम।।

जी हां, जीत जायेंगे हम।।

हम अम्बेडकरवादी है।

जीत के हम आदी हैं।।

प्रगतिशील हैं चलने वाले।

जुनून से भरे आंधी हैं।।

फहरे पंचशील परचम।

जी हां, जीत जायेंगे हम।।

जी हां, जीत जायेंगे हम।।

बुद्ध, फूले, शाहू, के विचार।

आजीवन हम करेंगे प्रचार।।

बाबा साहेब के सपने को।

हम मिल जुल करेंगे साकार।।

अर्पित करेंगे तन- मन- धन।।

जी हां, जीत जायेंगे हम।।

जी हां, जीत जायेंगे हम।।

पंचशील का पालन करते।

करुणा मैत्री का दम भरते।

ज्ञानार्जन कर ज्ञान बांटते।

मानव का सम्मान करते।।

मर जायेंगे न तोड़ेगे कसम।

जी हां, जीत जायेंगे हम।।

जी हां, जीत जायेंगे हम।।

महा नायिका फूलन देवी

थी आन बान शान की प्रतीक बहना फूलन।

बहशियों को सजा दी निर्भीक बहना फूलन।

गरीब हैं पर आबरू पर जान देते हैं।

सामंतवादियों को दिया सच्ची सीख बहना फूलन।।

हर जुल्म का प्रतिकार हम शान से करते।

जुल्मियों को सीखा गई तमीज बहना फूलन।।

गरीबों के लिए खास मददगार थी उम्मीद।

गरीबों का बनी थीं हबीब बहना फूलन।।

शहादत दिवस पर करते नमन सर झुकाकर।

हमें फख्र है अमर तू शहीद बहना फूलन।।

बाबा साहेब डा. भीम राव अंबेडकर जी का विद्यालय में प्रथम नामांकन

मैं उस दौर की बात करूं अछूतों को कोई अधिकार नहीं था।

कैसे अस्पृश्य शिक्षा लेगा मनुवादियों को स्वीकार नहीं था।।

पिता सुबेदार रामजी राव सकपाल जी संज्ञान लिए।

मेरा भीवा अवश्य पढ़ेगा दृढ़ पिताजी मन में ठान लिए।।

अंग्रेज ऑफिसर की सिफारिश दाखिला में काम आई है।

शर्त रखा विद्यालय ने पिता जी ने सहमति जताई है।।

सात नवंबर सन् उन्नीस सौ की पावन घड़ी आई है।

भीवा ने गवर्नमेंट हाईस्कूल सतारा में दाखिला पाई है।।

घर से टाट पट्टी लेकर भीवा को जाना होता था।

सभी बच्चों से दूर भीवा को बैठना होता था।।

शिक्षक इनको कभी न छूते बच्चों की क्या बात करूं।

पानी का मटका छू न सकें प्यासे भीवा की बात करूं।

परछाई से बैर था सबका, तन न दूषित हो जाये।

कभी न प्रश्न करते शिक्षक हवा दूषित न हो जाये।।

उत्तर पुस्तिका जांच न होती अपवित्र होने के डर से।

मन लगाकर पढ़ते भीवा अपमान का घूंट पी कर के।।

सात नवंबर को महाराष्ट्र विद्यार्थी दिवस मनाता है।

ज्ञान के प्रतीक बाबा साहेब का यश-कीर्ति गाता है।।

सामाजिक आंदोलन में बहुजन महिलाओं की भूमिका

बहुजन महिलाओं को अब आगे आना होगा।

भीमराव के उपकार का एहसान जताना होगा।।

जिसकी पूजा व्रत में कीमती समय गंवाती हो।

तुम्हारे समाज को क्या दिया क्यों नहीं बताती हो।

दिमाग चलाओ तर्क करो यह ढोंग मिटाना होगा।।

भीमराव के उपकार का एहसान जताना होगा।।

पढ़ो सावित्रीबाई फूले जी की संघर्ष कहानी।

अपमान सहकर तुमको शिक्षा देने को ठानीं।

सर्वत्र सशक्त हुई हो वह त्याग बताना होगा।।

भीमराव के उपकार का एहसान जताना होगा।।

वीरता में हो झलकारी, उदा जैसी साहसी हो।

रमाबाई सी त्यागी, ममतामयी अथाह सी हो।

बच्चों को अपने कोरेगांव का शौर्य बताना होगा।।

भीमराव के उपकार का एहसान जताना होगा।।

शिक्षित हो सत्य को मानो, अपने इतिहास के जानो।

शासक से शूद्र बनें हैं शासक बनना है ठानों।

बहुत सहे हैं जुल्म अब प्रतिकार दिखाना होगा।।

भीमराव के उपकार का एहसान जताना होगा।।

आसमान (बाल कविता)

आसमान क्यों दिखता नीला?

धरा पर जल भी दिखता नीला।।

क्या कारण है हमें बताओ ।

क्यों दिखे ये नीला नीला??

आसमान तो रंगहीन है।

जल रंगहीन स्वादहीन है।।

सूर्य की किरणों का कमाल।

हरी भरी दिखती जमीन है।।

सूरज का रंगों से संग है।

उसके प्रकाश में सात रंग हैं।।

बैंगनी, नीला,हरा,आसमानी।

 पीला, नारंगी, लाल रंग हैं।।

जब प्रकाश धरती पर आता।

छूकर इसे चहुदिश फैल जाता।।

हवा के कण बिखेरे नीले को।

ऐसे गगन नीला हो पाता।।

जब मानव प्रजाति एक तो जातियां क्यों अनेक

जन्म हुआ जाति का कैसे पूछ रहा है भारत देश।

जब मानव प्रजाति एक है तो जातियां क्यों अनेक।।

क्या अंतर है हमें बताओ उच्च नीच जाति का।

एक सा तन है एक सा रक्त बुद्धि मानव प्रजाति का।।

हम मूलनिवासी यहां के शासक स्वइतिहास भूल गए।

अन्य धर्मों को अपनाकर अपने देश में नीच हुए।।

शिक्षा और संपत्ति रखने के अधिकारों से हीन किया।

सेवा करना तन मन धन से शुद्रो को आदेश दिया।।

भला मानो एहसान बहुजनों भीमराव जी जन्म लिये।

एक एक सभी अधिकार दिलाये समता हेतु संघर्ष किए।।

आज भारत के संविधान से पुनर्जन्म हुआ शोषित का।

प्रगति के सभी द्वार खुल गये, समय आया मन मुदित का।।

भारत की प्रगति के लिये हमें जातिवाद मिटाना होगा।

मानव में समरसता हेतु सभी को आगे आना होगा।।

बहुजन समाज और आरक्षण

बहुजन समाज को जीने का उजाला मिला।

हमें समता पाने को आरक्षण सहारा मिला।।

पशु से भी बदतर जीवन जीने को थे मजबूर।

भीमराव की कृपा से यह जीवन प्यारा मिला।।

अपमान, गुलामी, शोषण में घूंट के जीते थे।

संविधान की वजह से हमें छूटकारा मिला।।

सम्मान से जीने का कोई अधिकार नहीं था।

शिक्षा सुरक्षा और अवसर का हक़ सारा मिला।।

आर्थिक, सामाजिक व राजनीतिक भागीदारी मिला।

सांसद, विधायक बनते हक़ वो हमारा मिला।।

हर विभाग में हम अधिकारी और कर्मचारी बनें।

शान शौक़ से रहते वो घर आफिस प्यारा मिला।।

एहसान मानो बहुजन आरक्षण के जनक का।

हमें सिर उठा कर जीने का अवसर न्यारा मिला।।

बाबा साहेब का मूल मिशन

बाबा साहेब डॉ. अम्बेडकर विश्व रत्न महापुरुष महान।

समतावाद स्थापित कर गये रचे भारत का संविधान।।

बाबा साहेब का मूल मिशन क्या था सुनो लगाकर ध्यान।

बौद्ध धम्म भारत का धम्म हो बौद्ध शासन में था कल्याण।।

नहीं कोई ऊंच नीच रहेगा सभी कर्म से रहें महान।

सभी जन में समभाव रहेगा,बन कर रहेंगे सब इंसान।।

धन धरती का मालिक होंगे सभी भारतीय एक समान।

नहीं कोई भी गरीब रहेगा, नहीं कोई पूंजीपति महान।।

देश हित में सभी कार्य करेंगे बंधुत्व का होगा क्षभाव।

परहित काज पुरस्कृत होगा भ्रष्टाचार का होगा अभाव।।

आओ मिलकर संकल्प लें पुनः बने भारत महान।

सोने की चिड़िया कहलाये प्राप्त करें पुनः सम्मान।।

बाबा साहेब के मिशन को पूर्ण करना है करें प्रयास।

एक दिन में नहीं होगा पर एक दिन रचेंगे स्व इतिहास।

धरती आबा भगवान बिरसा मुंडा

महानायक बिरसा मुंडा अनूपम योद्धा थे क्रांति वीर।

शत-शत नमन है भारत करता पुण्यतिथि पर हे शूरवीर।।

सन् अठारह सौ पचहत्तर पंद्रह नवंबर थी तिथि खास।

राज्य झारखंड जनपद रांची उलिहातु में जन्म निवास।।

मां का नाम था करमी हातु, पिता नाम सुगना मुंडा।

स्वाभिमानी थे कर्मवीर, शौर्य का फहरे झंडा।।

प्रतिभावान थे पिता ने जर्मन स्कूल में दिलाया दाखिला।

ईसाई बने बिरसा डेविड फिर भी पग पग शोषण मिला।।

अंग्रेजों ने अठारह सौ बयासी में एक एक्ट लाया।

इंडियन फारेस्ट एक्ट ने आदिवासियों पर कहर ढाया।।

जल जंगल और जमीन को जर्मीदारों को सौंप दिया।

प्रतिवर्ष राजस्व लेने का नव व्यवस्था लागू किया।।

वीर बिरसा मुंडा ने अपने लोगों को जागरूक किया।

स्वतंत्रता और संस्कृति की रक्षा हेतु संगठित किया।।

अबुआ दिशुम अबुआ राज का चहुं दिस उदघोष किया।

जल, जंगल और जमीन का उलगुलान संघर्ष किया।।

पच्चीस साल की उम्र में नाकों चने चबवा दिया।

गोरिल्ला युद्ध में अंग्रेजो के पांव उखाड़ दिया।।

अकाल और महामारी में अपनों की सेवा किया।

मसीहा कहलाये लोगों ने धरती आबा नाम दिया।।

कई बार हुआ युद्ध पर अंग्रेजों को मुंह खानी पड़ी।

500 रूपया ईनाम रखे और छल कपट दिखानी पड़ी।।

अपना कोई मुखबिरी किया डोमबाड़ी अंग्रेज गये।

हुआ युद्ध हजारों शहादत अंत में गिरफ्तार हुए।।

जेल में भी अंग्रेज उनसे थर-थर थर-थर कांपते थे।

भोजन में विष देकर मारा सजा देने में हांफते थे।।

बिरसा कहते जैसे देह वैसे जंगल पुश्तैनी सही।

सदा रहेगी दावेदारी पुश्तें दावे कभी मरते नहीं।।

नौ जून हम पुण्यतिथि पर अपनी कृतज्ञता व्यक्त करें।

वही खून है अपने अंदर हम खुद को सशक्त करें।।

राष्ट्रवीर महाराजा सुहेलदेव राजभर

महाराज सुहेलदेव राजभर थे प्रतापी श्रावस्ती नरेश।

जन्मोत्सव पर शत-शत नमन करता है भारत देश।।

नौ सौ पच्चानबे इसवी श्रावस्ती है जन्म स्थान।

मां जय लक्ष्मी और पिता का बिहारीमल था शुभ नाम।।

सन् एक हजार तैंतीस में आया एक आक्रमणकारी था।

महमूद गजनवी का भांजा सैयद सालार मसूद गाजी था।।

सुहेलदेव ने एक्कीस राजाओं को एकजुट किया।

बहराइच में शत्रु सेना से खुब भीषण युद्ध किया।।

इस युद्ध में शत्रु दल के दांत खट्टे कर दिए।

घायल हुआ मसूद गाजी को युद्ध में पराजित किये।।

राष्ट्र रक्षक सुहेलदेव राजभर राष्ट्र रक्षा किया।

बहुजन समाज का सिर गर्व से ऊंचा किया।

अपने सपनें जिंदा रखिए

अपने सपने को जिंदा रखिए।

मरते उम्मीद की चिंता रखिए।।

कामयाबी तेरी कायनात देखे

हुनर का बुलंद झंडा रखिए।।

हौसले से उड़ान होती है यहां।

बस इरादा अपनी चंगा रखिए।।

मरा सपना खुदकुशी सी लगे।

खुद है उड़ना मन परिंदा रखिए।।

राह बनती नहीं बनाई जाती।

तन को अपना करिंदा रखिए।।

मन के सपने में आग होती है।

इसलिए मन नहीं ठंडा रखिए।।

जो सपने नींद नहीं आने देते।

योजनाओं की पुलिंदा रखिए।।

जहां में असंभव कुछ भी नहीं।

करना है खुद न शर्म जिंदा रखिए।।

मां दुलारी को नमन है, जो गुणों की खान है

पूज्य माता को नमन, जिनका दुलारी नाम।

वह गुणों की खान थी, अनुपम कार्य महान।।

अर्पण की खुशियां सभी, कष्ट उठा ली आप।

माता आपकी ममता का, नहीं है कोई माप।।

सभी पुत्र और पुत्रियों, से अगाध था प्रेम।

सभी उच्च शिक्षा लिए, सफलता मां की देन।।

मां ने बनाया उद्यमी, शीलवान निर्भीक।

परोपकारी, संतोषी, संघर्षी और मीत।।

बुद्धि सागर सा कर्मठी, जन्म दिया मां धन्य।

समतावादी विचारक, लेखक कवि मूर्धन्य।।

संस्थान को दीजिये, हे माता आशीष।

दिन दूना उन्नति करे, कलम बनें निर्भीक।

चौबीस सितम्बर को हुआ, मां का परिनिर्वाण।

विनम्र श्रद्धांजलि दें हम, पाठ करें परित्राण।।

सुख समृध्दि दीजिए, कलमकारों पर हांथ।

कलम सदा विजय होवै, झुकै कभी ना माथ।।

बहुजन नायक मान्यवर कांशीराम साहब

मान्यवर कांशीराम साहेब, मसीहा किरदारों में।

बहुजन का हो शासन, उद्गार उनके नारों में।।

बिखरे समाज पर यहां, अत्याचार होता है।

हम पचासी शासक हैं, वंचित अधिकारों में।।

बहुजन महापुरुषों के इतिहास को ढूंढ़ कर लाये।

सबका जीवन गाथा लिखें, अपने अखबारों में।।

जिसकी जितनी संख्या, उतनी हिस्सेदारी हो।

जातियों में बंट बंटकर, रहते हैं हजारों में।।

डी. एस. फोर, के जनक, वामसेफ के प्यारे थे।

बसपा के संस्थापक, अमर हैं विचारों में।।

बहुजन महानायक, सत्ता की चाभी दिये।

साथ बैठो, सोचो, बढ़ चलो, कह गए इशारों में।।

बहुजन समाज ही है, परिवार कहते थे।

आजीवन थे अविवाहित, त्याग था विचारों में।।

बहन कुमारी मायावती को उत्तराधिकारी चुने।

कारवां ले आगे बढ़ रहीं, जूनून हैं उद्गारों में।।

परिनिर्वाण दिवस पर शत-शत नमन वंदन।

श्रद्धांजलि अर्पित है, भाव पुष्पहारों में।।

मेरे पिता जी है नमन आपको

मेरे पूज्य पिताजी, नमन है आपका।

करती नमन यह मेरी, कलम है आपका।।

मेरी सफलता का श्रेय हैं आप पिताजी।

इसकी वजह त्याग और परिश्रम है आपका।।

आपने कष्ट सहकर खुशियां दिये मुझे।

मैं भाग्यशाली जो पाया दामन आपका।।

मुझे इंसान बनाने में तत्पर आप थे।

धन्य है दिया हुआ जीवन आपका।।

मेरे अरमान खातिर लूटाये थे आप धन।

एहसास ना होने दिया था गम आपका।।

परोपकारी आप मुझे परोपकार सिखाये।

हर गली मुहल्ले में है दमखम आपका।।

मुझे अपने मन की करने की ना रोक टोक की।

मन में दिया हुआ था एक स्वप्न आपका।।

मुझे भी जिद है मुझसे कोई गिला न हो।

अब आंखें कभी ना होंगी नम आपका।।

आपकी जिम्मेदारियां मेरे कंधे पर।

सार्थक होगा दिया हुआ जन्म आपका।।

संविधान की बदौलत सब कुछ मिला

संविधान की बदौलत आज सब कुछ हमें मिला।

सदियों से वंचितों को सभी अधिकार है मिला।।

हम बहुजनों को मिल गये बाबा साहेब सा मसीहा।

इनकी कलम से लिखा अनुपम संविधान है मिला।।

मिली गुलामी से मुक्ति हमें स्वाधीनता मिला।

हर नागरिक को यहां पर आपसी समानता मिला।।

सामाजिक रूप से पिछड़े जातियों को आरक्षण मिला।

शिक्षा मिली हमें अभिव्यक्ति की स्वतंत्रता मिला।।

राजनीतिक आर्थिक क्षेत्र में भारत में उन्नति करें।

विधायक सांसद मंत्री पंतप्रधान राष्ट्रपति बनें।।

गायक लेखक, खिलाड़ी, व्यापारी, अभिनेता बनें।

न्यायाधीश कर्मचारी अधिकारी प्रशासनिक बनें।

नारी की प्रगति हुई है संविधान के बदौलत।

कभी पैरों की जूती थी आज रखती है दौलत।।

पुरूष के साथ कदम बढ़ाकर करती है नौकरी।

हर जगह परचम बुलंद अब नहीं अबला औरत।।

बाबा साहेब हमें तो संविधान का दान दे गये।

हम बेजुबानों को संविधान से जुबान दे गये।।

किसी ईश्वर ने नहीं बदली हमारी दिशा दशा।

बाबा साहेब हमें तो नया जीवनदान दे गये।।

प्रियदर्शी चक्रवर्ती सम्राट अशोक महान

अखंड भारत निर्माण किये सम्राट अशोक महान।

बौद्ध धम्म का प्रसार कर दिए राष्ट्र को पहचान।।

सोने की चिड़िया भारत उनके समय कहलाया।

थी प्रजा खुशहाल कभी नहीं सजा कोई पाया।।

पाटलिपुत्र मगध राज्य के महाराजा बिंदुसार।

जन्म लिया एक पुत्र ईसा पूर्व तीन सौ चार।।

माता सुभद्रांगी रानी धर्मा का धन्य है कोख।

देवानांप्रिय प्रियदर्शी नाम रखीं थीं अशोक।।

मौर्य राजवंशी प्रतापी वीर था राजकुमार।

देवी, कारुवाकी, पद्मावती, तिष्यरक्षिता करतीं प्यार।।

सौतेले भाई उनकी मां को दिये मौत के घाट उतार।

अशोक मारकर सौतेलों को शासक बनें हो जयकार।।

आठ वर्ष तक लड़े युद्ध पर कहीं मिली नहीं हार।

कलिंग युद्ध के रक्तपात से बदले अपना विचार।।

दया व करुणा से उद्वेलित किये बौद्ध धम्म स्वीकार।

दिग्विजय थे धम्म विजय का स्वप्न किये साकार।।

पुत्र महेन्द्र पुत्री संघमित्रा किये विश्व में धम्म प्रसार।

चौरासी हजार शिलालेख स्तंभों में है धम्म का सार।।

तेईस विश्व विद्यालयों का वह कराये निर्माण।

मानव और पशु पक्षी के अस्पताल बचाते प्राण।।

सांची का स्तूप बनवाये जीव हत्या किए निषेध।

प्रजापिता प्रियदर्शी महान सम्राट कहता देश।।

सड़क बनाये प्रजा हेतु लगवाये वृक्ष फलदार।

रात दिन किसी वक्त प्रजा से मिलने को तैयार।।

दुसरे देशों से वह रखते मैत्रीपूर्ण व्यवहार।

समुद्री और स्थल मार्ग से होता शांति पूर्ण व्यापार।।

म्यांमार से अफगानिस्तान तक था फैला साम्राज्य।

प्रजापालक बुद्धशाक्य किये अखंड भारत पर राज।।

अशोकाष्टमी जन्मोत्सव पर शत-शत नमन करूं आज।

श्रद्धा सुमन अर्पित करूं मैं भाव सुमन आवाज।।

धम्म चक्र प्रवर्तन दिवस

धम्म चक्र प्रवर्तन दिवस की घड़ी है आई।

मंगल जीवन हो आपका मैं देता बधाई।।

तीसरी सदी में सम्राट अशोक महान थे।

इसी दिवस को बौद्ध बने प्रजा हर्षायी।।

कलिंग युद्ध रक्तपात मनव्यथित हुआ।

उन्होंने बौद्ध धम्म प्रसार की कसम खाई।।

चौदह अक्टूबर सन् उन्नीस सौ छप्पन।

नागपुर में लाखों ने धम्म की दीक्षा पाई।।

बाबा साहेब ने कहा बौद्ध धम्म में मरूंगा।

बौद्ध बनें साथ में थे पांच लाख अनुयाई।।

बाबा साहेब ने प्रण किया और इसको निभाया।

बौद्ध धम्म पुनर्जीवित इनकी नेक कमाई।।

दीक्षा भूमि पर स्वेच्छा से बौद्ध बनते हैं।

दीक्षा ग्रहण करें मन, फूले न समायी।।

मेरी स्वाधीन कलम

स्वाधीन कलम मेरी अल्फाज बनी है।

यथार्थ लिखे सच की आवाज बनी है।।

स्वाधीन कलम बाबा साहेब की देन है।

निडर लिखे बहुजन की आवाज बनी है।।

स्वाधीन कलम माता पिता की करे मान।

रिश्ते में हो मिठास की एहसास बनी है।।

मजलूमों का दर्द लिखे प्यारी मेरी कलम।

स्वाधीन कलम समता की प्यास बनी है।।

बाबा साहेब के मिशन बढ़ाये मेरी कलम।

मेरी कलम अभिव्यक्ति की अंदाज बनी है।।

महापुरुषों के इतिहास को खंगालती रहती।

जीवन संघर्ष व्यक्त करती याद बनी है।।

लाख आये बाधा विचलित नहीं होती।

पथ को प्रकाश दे ऐसी आग बनी है।।

है चाह एक निष्पक्ष कलमकार बनें हम।

स्वाधीन कलम पर हमारी नाज़ बनी है।।

दादा साहेब भाऊराव गायकवाड़

बाबा साहेब का एक साथी था सदा जिसने साथ दिया।

दादा साहेब को बाबा साहेब ने कर्मवीर था नाम दिया।।

दादा साहेब भाऊराव गायकवाड़ था पूरा नाम।

बाबा साहेब के आंदोलन को गति देना था काम।।

महाड़ सत्याग्रह चाहे कालाराम मंदिर प्रवेश का संघर्ष।

उनकी भूमिका थी अग्रणी आंदोलन वह किए सहर्ष।।

स्वतंत्र मजदूर संघ और रिपब्लिकन पार्टी आफ इंडिया दिये।

संस्थापक बने संगठन दृढ़ता का वह कार्य किए।।

मनमाड़ महाराष्ट्र में कई खोले वह छात्रावास।

अनाथ विद्यार्थी आश्रम खोले जहां से पढ़ते बाल अनाथ।।

पनघट आंदोलन और महार वतन आंदोलन किए।

गंदे कार्यों को छुड़वाये खेती कार्य में प्रेरित किए।।

कुशल वक्ता वाकपटु मृदुभाषी पैदल चलते।

समस्या सुनते सुलझाते धोती कुर्ता वह पहनते।।

सन् उन्नीस सौ उनसठ से पैंसठ तक नेक कार्य किए।

परती भूमि भूमिहीनों को बंटे वह आंदोलन किए।।

पद्म श्री से थे सम्मानित कृतज्ञ राष्ट्र है करता याद।

पंद्रह अक्टूबर जन्मदिवस की हम देते मुबारकबाद।।

हमें कारवां बढ़ाना है।

जागृति की दौर है,

जगना और जगाना है।

साथ-साथ चलना है,

हमें कारवाँ बढ़ाना है।।

जब एक होंगें हम,

और लक्ष्य होगा एक।

विश्वास अडिग रखकर,

बस चलते ही जाना है।।

हमें कारवाँ -------------।।

जिस पथ पर हमें है चलना,

राही अनेक होंगे।

कहीं पुष्प कहीं पर काँटे ,

पर कदम ना डिगाना है।।

हमें कारवाँ -------------।।

विचलित करने वालों की,

वहाँ कोई कमी न होगी।

पर कायर नहीं बनना है,

नजर लक्ष्य पर टिकाना है।।

हमें कारवाँ ------------।।

काँटे बिछाने वाले ही,

सफलता के गवाह होंगे।

मेहनत अथक है करना,

खुद पर विश्वास जमाना है।।

हमें कारवाँ -------------।।

इसके सिवा बचा ना,

 कोई दूसरा विकल्प।

हमें लक्ष्य भेदना है,

या मरके जाना है।।

हमें कारवाँ -----------।।

बाबा साहेब का मिशन

बाबा साहेब की बदौलत नया जीवन है मिला।

बाबा साहेब के मिशन की आओ बात करें।।

कमर से झाड़ू मटकी गले से मुक्त किए।

अछूत अज्ञानी थे गंदे कर्म से मुक्त किए।

आज समता स्वतंत्रता न्याय बात करें।।

बाबा साहेब की बदौलत....................।

किए संघर्ष एक-एक हमें अधिकार मिला।

शिक्षा, संपत्ति, नौकरी और व्यापार मिला।

आज शासन में भागीदारी की हम बात करें।।

बाबा साहेब की बदौलत..................।

जनक संविधान के दिये हैं हमें हक सारा।

चार बच्चों की कुर्बानी झेले थे कष्ट सारा।।

उनकी बाईस प्रतिज्ञाओं को आत्मसात करें।

बाबा साहेब की बदौलत...................।

बौद्ध बनें बहुजन था मिशन उनका।

बौद्ध शासन हो भारत में था कथन उनका।।

मिशन का कारवां बढ़ जाये ऐसा कार्य करें।।

बाबा साहेब की बदौलत...................।

शिक्षित संगठित आंदोलित हो कहा भीम ने।

मूलनिवासी शासक थे बताया भीम ने।।

अपने महापुरुषों के इतिहास हम याद करें।।

बाबा साहेब की बदौलत...................।

वीरांगना बिलासा देवी केवटिन

वीरांगना बिलासा देवी थी पराक्रमी नारी महान।

अस्त्र-शस्त्र विद्या निपुण रखी थी राज्य की शान।।

परशुराम इनके पिता माता थी वैशाखा बाई।

बंशी बिलासा के पति थे वह वीरता में छाई।।

अरपा नदी के किनारे जंगल घना विशाल था।

महाराजा कल्याण साय गया करने शिकार था।।

वन्यजीवों का हमला निकलने वाला था प्राण।

प्राण रक्षक बनीं अपने शौर्य की दी पहचान।।

महाराज कृतज्ञ थे किये बिलासा का सम्मान।

अरपा नदी तट के बड़े भूभाग का किया दान।।

महाराज कृतज्ञ थे किये बिलासा का सम्मान।

अरपा नदी तट के बड़े भूभाग का किया दान।।

बिलासा का पति बंशी था एक योद्धा महान।

बिलासा भी साथ में लीं राज्य रक्षा की कमान।।

वाह्य आक्रमणकारी शासक से हुआ भीषण युद्ध।

वीरगति को प्राप्त हुए दंपति ने लड़ा था युद्ध।।

बिलासा देवी नाम से हुआ बिलासपुर विख्यात।

बिलासा देवी केंवटिन पराक्रम से रची इतिहास।।

हमें कारवां बढ़ाना है

जागृति की दौर है,

जगना और जगाना है।

साथ-साथ चलना है,

हमें कारवाँ बढ़ाना है।।

जब एक होंगें हम,

और लक्ष्य होगा एक।

विश्वास अडिग रखकर,

बस चलते ही जाना है।।

हमें कारवाँ -------------।।

जिस पथ पर हमें है चलना,

राही अनेक होंगे।

कहीं पुष्प कहीं पर काँटे ,

पर कदम ना डिगाना है।।

हमें कारवाँ --------------।।

विचलित करने वालों की,

वहाँ कोई कमी न होगी।

पर कायर नहीं बनना है,

नजर लक्ष्य पर टिकाना है।।

हमें कारवाँ ------------।।

काँटे बिछाने वाले ही,

सफलता के गवाह होंगे।

मेहनत अथक है करना,

खुद पर विश्वास जमाना है।।

हमें कारवाँ --------------।।

इसके सिवा बचा ना,

 कोई दूसरा विकल्प।

हमें लक्ष्य भेदना है,

या मरके जाना है।।

हमें कारवाँ -----------।।

मसीहा भीम जी

कोई भीम जी के जैसा मसीहा नहीं।

कोई देवी देवता ने हक दिया नहीं।।

पीने को पानी भीम जी ने दिलाया।

मंदिर जाने का हक भीम जी से पाया।

संघर्ष भीम जी सा कोई किया नहीं।।

नीच अछूत जाति जुल्म रोज सहता।

अपमान का घूंट पीकर रोज मरता।।

भीम जैसा उपकार कोई किया नहीं।।

मेरे गले में बंधी मटकी हटाये।

कमर से झाड़ू हटा मान दिलाये।।

पूजा उपवास भीम ने किया नहीं।।

संविधान लिखकर अधिकार दिये सारा।

समता स्वतंत्रता न्याय भाईचारा।।

भीम जैसा त्याग कोई किया नहीं।।

बौद्ध बने भीम जी राह दिखाये।

सम्मान से जीने का पथ बताये।।

भीम के जैसा नेतृत्व कोई किया नहीं।।

जागो तुम पचासी बहुजन

कहते थे मान्यवर कांशीराम,

जागो तुम पचासी बहुजन।

करता है कैसे पंद्रह राज,

जागो तुम पचासी बहुजन।।

ऊंच नीच जातियों में बिखरा समाज है।

अपनी जाति पर वह गर्व करता आज है।

नफ़रत का मिला अंजाम,

जागो तुम पचासी बहुजन।।

स्वार्थ में फसों मत बिछा हुआ जाल है।

फूट डालो राज करो मनुवादी चाल है।

बिखरा समाज है गुलाम,

जागो तुम पचासी बहुजन।।

एक एक अधिकार छिना जा रहा है।

अपने मातम पर खुशियां मना रहा है।

दुश्मन की कर लो पहचान।

जागो तुम पचासी बहुजन।।

बाबा साहेब के संविधान से उत्थान है।

मनुवादियों की निकल रही जान है।

एकता में है अपनी शान।

जागो तुम पचासी बहुजन।।

संगठित हो जाओ अपनी सरकार बनाओ।

अधिकार, मान और स्वाभिमान पाओ।

सत्ता सुख का करो रसपान।

जागो तुम पचासी बहुजन।।

बहुजन चिंतक शांति स्वरूप बौद्ध

बुद्ध, फूले, अम्बेडकर का मिशन किये जीवंत।

शांति स्वरूप बौद्ध रहे सम्यक विचारक संत।।

अहो भाग्य बाबा साहेब किए नामकरण।

वह बालक मिशन में किया जीवन समर्पण।।

दो अक्टूबर सन् अड़तालिस में वह पाये जन्म।

लाला हरिचंद बौद्ध पिता आपनाये थे बौद्ध धम्म।।

दादा चौधरी देवीदास बाबा साहेब के साथी।

बहुजन आंदोलनकारी थे वह संघर्ष के आदी।।

बहुजन आंदोलन में किए राजपत्रित पद का त्याग।

बहुजन शासक बनें देश में यह रहती मन में आग।।

पाली सहित चौदह भाषाओं का उन्हें था ज्ञान।

75 पुस्तक हिन्दी में 43 अंग्रेजी में रचे महान।।

अन्य भाषाओं की पुस्तकों का किए अनुवाद।

मृदुभाषी सरल स्वभाव के करते सबसे संवाद।।

बहुजन साहित्य का लिखे वास्तविक इतिहास।

रंग लाया मिशनरी साहित्यकारों का प्रयास।।

सन उन्नीस सौ पचहत्तर में दिये सम्यक प्रकाशन।

एक हजार से अधिक पुस्तकों का किए प्रकाशन।।

बहुजन साहित्यकारों के बनें थे पथ प्रदर्शक।

सम्यक दलित चेतना के पुस्तक लिखें आकर्षक।।

छः जून दो हजार बीस को हुआ परिनिर्वाण।

आज भी उनकी पुस्तकें दें आंदोलन को प्राण।।

बौद्धाचार्य शांतिस्वरुप बौद्ध (2)

शांति स्वरूप बौद्ध जी हमें ज्ञान दे गये।

बहुजन लेखकों को पहचान दे गये।।

बौद्धाचार्य पालि भाषा के विद्वान थे।

सम्यक प्रकाशन का हमें तो दान दे गये।

हमको बता गए कि हम नहीं हैं बेजुबान।

कलम से आंदोलन स्वाभिमान दे गये।

दादा जी देवीदास बाबा साहेब के साथी।

बाबा साहेब जी आकर इन्हें नाम दे गये।।

अम्बेडकर मिशन में किए जीवन समर्पित।

राजपत्रित अधिकारी पद का त्याग दे गये।।

हिंदी भाषा में पचहत्तर पुस्तकें लिखे।

तैंतालीस बुक अंग्रेजी में महान दे गये।।

चौदह भाषाओं के ज्ञाता महाविद्वान थे।

मृदुभाषी सहज स्वभाव का वरदान दे गये।।

दो अक्टूबर जन्मदिवस पर शत्-शत् नमन।

बुलंदियों को छू लेंगे अरमान दे गये।।

संविधान

आज भारत में यदि सभी हमें इंसान कहते हैं।

जो वजह है यहाँ पर सब एक समान रहते हैं।।

जहां समता,स्वतंत्रता,न्याय की बहती अविरल धारा।

हम हैं उस ग्रंथ की बदौलत जिसे संविधान कहते हैं।।

इसी संविधान से मिलती अभिव्यक्ति की आजादी।

वोट देने की सरकार को चुनने की आजादी।।

जहाँ चाहें वहाँ जाएं आजादी हमको है प्यारी।

कोई भी धर्म बदलने के इसमें अधिकार रहते हैं।।

हम हैं उस ग्रंथ की बदौलत जिसे संविधान कहते हैं।।

सभी शिक्षा ग्रहण करते सभी धनार्जन करते हैं।

सभी को मिल रहा अवसर शौक सब पूरा करते हैं।।

सजा उसको यहाँ मिलती जो अपराध करते हैं।

हमें है प्राण से प्यारा हम गुणगान करते हैं।।

हम हैं उस ग्रंथ की बदौलत जिसे संविधान कहते हैं।।

पर कुछ हैं देशद्रोही भी इसका अपमान करते हैं।

और कुछ नीजी स्वार्थ में देश विरोधी का काम करते हैं।।

संविधान है जिंदा तभी सम्मान है जिंदा।

हम संविधान की हिफाजत का ऐलान करते हैं।।

हम हैं उस ग्रंथ की बदौलत जिसे संविधान कहते हैं।।

पूज्य बाबा साहेब की यह अमिट संघर्ष निशानी है।

ये शान शौकत दौलत शोहरत सब इनकी मेहरबानी है।

करेंगे आखिरी दम तक संविधान की हिफाजत।

गर्व से जीवन जीने के इसमें अधिकार रहते हैं।।

हम हैं उस ग्रंथ की बदौलत जिसे संविधान कहते हैं।।

एकता की शक्ति

जाति भेद को त्याग कर हक छीनना है ठान लो।

कब तक शोषित रहोगे शक्ति एकता है जान लो।।

एक एक करके सभी अधिकार तुम्हारे छिन रहे।

तुम दुसरे पर कितनी पड़ी हैं लाठियां गिन रहे।

जूल्मी को अवसर दिए हो हद से ज्यादा अब मान लो।।

कब तक शोषित रहोगे शक्ति एकता है जान लो।।

बाबा साहेब ने संगठित होने का नारा दिया।

सम्मान से जीने के लिए संविधान प्यारा दिया।

खतरे में वजूद तुम्हारा अब से भी संज्ञान लो।।

कब तक शोषित रहोगे शक्ति एकता है जान लो।।

अपना यह बिखराव नित बैरी के मन को भाता है।

हम पर शोषण करने को नये हथकंडे अपनाता है।

अपना भी शासक बनाओ, दृढ़ इच्छा से ठान लो।।

कब तक शोषित रहोगे शक्ति एकता है जान लो।।

संत कबीर साहब का समाजवाद

संत कबीर साहब जी, खोले पांखंड का पोल।

रूढ़िवाद में फंसा हुआ , नहीं मानव का मोल।।

प्रेम के बंधन में बंधे , जगत कुटुम्ब समान।

जाति-वर्ण का भेद न हो, सब मिल रहे इंसान।।

का हिंदू का मुस्लिम , आपस में कैसा भेद।

रक्त रंग सब एक सा , का कुरान का वेद।।

ना जग में कोई धनी बसे ,ना कोई रहे गरीब।

श्रम के धन से सुख है, कर्म से बदले नसीब।।

हो समाज में समरसता,सबका नेक विचार।

मानवता का मान हो , जीवन का आधार।।

भय देते भगवान का , धर्म के ठेकेदार।

मंदिर मस्जिद धन संचय बना है कारोबार।।

जीव हत्या ना करो , ना झूठ ना व्याभिचार।

शील का पालन से होत , मानव का उद्धार।।

कबीरा उलटी बानी में , छिपा सुख का राज।

चंद लोग यहां राज करें , झंखे पुरा समाज।।

समाज हमारा परिवार है

राजरत्न की लाश को लेकर रोती रमा साहेब मौन है।

अपने पुत्र की कफ़न को विवश पिता यह कौन हैं?

बाबा साहेब आप तो कहते राजरत्न बनेगा देश का राजा।

पर हम सबको छोड़ गया कुछ बोलो चुप क्यों हो गये बाबा।।

सुनो रमा मेरा पुत्र मरा है समाज मेरा अभी जिंदा है।

शिक्षित हूं समाज की दशा न बदलूं समझो अपनी निन्दा है।।

तुम राजरत्न के लिए रोती मैं करोड़ों पुत्रों का हूं भविष्य।

मुझे इन्हें बनाना है शासक स्वप्नों को करना है दृश्य।।

गुलामी छुआछूत अशिक्षा बेकारी से ग्रस्त समाज है।

इन्हें चाहिए पथ प्रदर्शक हर अधिकारों के मोहताज है।।

शिक्षित करना है समाज को यह उसका मुख्य हथियार है।

बाबा साहेब ने प्रण किया, " समाज हमारा परिवार है।।"

बाबा साहेब डा. भीम राव अंबेडकर

बाबा साहेब जी को शत शत नमन है अर्पित है श्रद्धा सुमन।

परम पूज्य वंदनीय भीम के चरण हैं अर्पित है श्रद्धा सुमन।।

दलित शोषित अस्पृश्यों के डाॅक्टर अम्बेडकर थे सहारा।

पशु से बदतर था जीवन को बाबा साहेब ने संवारा।।

चौदह अप्रैल सन अठारह सौ इक्यानवे था दिन।

मध्य प्रदेश के महू छावनी में जन्मे थे भीम।।

पिता रामजी राव सकपाल हर्षाये।

मां भीमाबाई से अनमोल रत्न आये।।

छुआछूत और जाति भेद का रोग था पांव पसारा।

बाबासाहेब ने उन्मूलन कर दिया सबको छुटकारा।।

मुम्बई से किये बी. ए. कोलम्बिया से पी. एच. डी.।

लंदन से अर्थशास्त्र में किये एम. एस. सी., डी. एस. सी.।।

बैरिस्टर एट लॉज,किये बाबा भीमराव।

एल.एल.डी.,डी.लिट.से बढ़ा इनका प्रभाव।

शिक्षा ग्रहण करके भीम जी थे उम्मीद बनें हमारा।

शिक्षित बनों, सगठित रहो, आंदोलित हो दिये थे नारा।।

महाड़ सत्याग्रह किये तालाब का जल पाने को।

कालाराम मंदिर सत्याग्रह समता दिखाने को।।

मनुस्मृति को थे जलाये , मनुवाद को थे चेताये।

संविधान सभा में निर्वाचित मिल गया अवसर प्यारा।

संविधान सृजन कर भीम ने बहुजनों को उबारा।।

बाबा साहेब ने मिशन दिया मिल जुल करना है पूर्ण।

हो भारत में प्रगति भारतीय धन धान्य से परिपूर्ण।।

बौद्ध बनना था अंतिम सपना।

पथ पर चलना संकल्प अपना।।

बाबा साहेब ने चार संतानों को अपने खो डाला।

संविधान में हम सबके अधिकारों का है बोलबाला।।

बौद्ध बनना था अंतिम सपना।

पथ पर चलना संकल्प अपना।।

राष्ट्र पिता महात्मा ज्योतिबा फुले

महात्मा ज्योतिबा फूले का नमन वंदन।

कृतज्ञ राष्ट्र है राष्ट्रपिता करें श्रद्धासुमन का अर्पण।।

महात्मा ज्योतिबा राव फूले अमर हैं भारत देश में।

जनक नारी शिक्षा के पूज्य हैं समतावाद परिवेश में।।

ग्यारह अप्रैल थी तिथि सन् अठारह सौ सत्ताईस।

महाराष्ट्र का पुणे जिला, खानवाड़ी में पैदाइश।।

पिता गोविंद राव फूले जी अनमोल रत्न धन पा गए।

माता चिमणा बाई फूले के वह उर को हर्षा गये।।

छुआछूत जाति भेद देखकर हृदय व्याकुल हो गया।

समतामूलक समाज स्थापित हेतु मन आतुर हो गया।।

मैट्रिक शिक्षा प्राप्त किये ना ,चाह किये कभी नौकरी का।

समाज सुधार के आस बनें, वह देख दुर्दशा नारी का।।

सन् अठारह सौ चालीस में सावित्री बाई से विवाह हुआ।

शिक्षित करते पत्नी को नारी शिक्षा का चाह हुआ।।

गांव गांव गली गली दोनों दम्पत्ति पढ़ाने जाते थे।

कीचड़ गोबर से अपमानित होते नहीं घबराते थे।।

सन् अठारह सौ अड़तालिस में प्रथम विद्यालय खोल दिए।

बालिकाओं को शिक्षित करने के दरवाजे खोल दिए।।

गरीबों और निर्बल को न्याय दिलाना है ठान लिए।

सन् अठारह सौ तिहत्तर में सत्य शोधक संस्थान दिये।।

बाल विवाह और कर्मकाण्डों का खुलकर विरोध किये।

विधवा विवाह का कराये समतावाद का बोध किये।।

गुलामगिरी पुस्तक लिखकर गुलामी का बोध करा दिया।

अशिक्षा मुख्य कारण गुलामी का खोज करा दिया।।

अठाईस नवंबर सन् अठारह सौ नब्बे में देहांत हुआ।

समतावादी विचारधारा के एक युग का अंत हुआ।।

आपके ही विचारों पर संस्थान चल रहा शान से ।

समतावादी कलमकार साहित्य शोध संस्थान नाम से।।

सामाजिक न्याय

जाति जाति में बांट दिया धर्म के ठेकेदारों ने।

सामाजिक न्याय पर आघात किया जिम्मेदारों ने।।

स्वार्थ में डूबे पाखंडियों ने स्वयं को श्रेष्ठ बना डाला।

ऊंच नीच और भेदभाव से शोषण का खेल रचा डाला।।

बाबा साहेब महाविद्वान ने भली-भांति इन्हें पहचान लिया।

अनुपम भारतीय संविधान में समता का सम्मान दिया।।

मानवता और बंधुत्व को संविधान ने मान दिया।

समरसता और स्वतंत्रता से नव जीवन का ज्ञान दिया।।

अब इस भारत में सभी नागरिक एक समान बसे।

कोई नीच ना कोई भगवान यहां सभी इंसान बसे।।

शिक्षा और सैनिक शौर्य में दी जाती उपाधियां।

संविधान ने समरसता देकर दूर किया है व्याधियां।।

सभी को शिक्षा सभी को अवसर मिलता आगे बढ़ने को।

मिला सामाजिक न्याय सफलता की सीढ़ियां चढ़ने को।।

आओ मन का भेद मिटाकर सब मिल जुल प्रयास करें।

अपना भारत सर्वश्रेष्ठ हो ऐसा हम अभ्यास करें।।

मेरी जन्मदायिनी मां श्रद्धेया लक्ष्मी देवी जी

मेरी माता सहज है भोली,

त्याग की सच्ची है देवी।

गुणों की खान है मेरी मां,

ममता की साक्षात देवी।।

पूज्य श्रद्धेया लक्ष्मी देवी,

मेरी माता परम साहसी।

सुसंस्कारी कर्तव्यनिष्ठ,

परमज्ञानी है अथाह सी।

मैं सौभाग्यशाली मुझको,

मिला है माता का दामन।

इतना प्यार लुटाती मां,

धन्य हुआ है मेरा जीवन।।

मेरी जीवनदायिनी मां,

रक्षा-कवच बन रहती।

कष्ट अकेले सह जाती,

कान्तिमय प्रसन्न रहती।

ईर्ष्या लोभ झूठ अन्याय,

से विरत रहती है माता।

परिवार की देखभाल में

सेवारत रहती है माता।।

अपने ही संस्कारों का,

मुझे नित पाठ पढ़ाती हैं।

कर्मकांड से दूर रहें वह,

पाखंड नहीं अपनाती हैं।।

सामाजिक कार्यों में वह,

बढ़ चढ़ कर हिस्सा लेती।

धैर्यवान और परिश्रमी,

हंसकर कष्ट उठा लेती।।

भीम मिशन को समझी,

छोड़ दिया है व्रत त्योहार।

बनीं बुद्ध की उपासिका,

अपनाईं पंचशील विचार।।

अपनी माता के चरणों में,

करूं नमन शत्-शत् वंदन।

स्वयं समर्पित हूं चरण में,

जहां सुखों का है संगम।।

पत्ती की अस्तित्व

पत्ती हरी भरी रहती।

जब तरु से जुड़ी रहती।।

मन में स्वार्थ समाया।

छोड़ा वृक्ष का साया।।

मुझायी वह सुख कर।

ज़मीं पर पड़ी रहती।।

पत्ती हरी भरी रहती।

जब तरु से जुड़ी रहती।।

सोची थी करेगी विचरण।

मन चाहा करेगी आचरण।।

रोक टोक ना करने वाला।

अपनी चाभी अपना ताला।।

पर देखो यह क्या हो गया

धूप में खड़ी रहती।।

पत्ती हरी भरी रहती।

जब तरु से जुड़ी रहती।।

पछताती खुद को कोसती।

काश! वह मन को रोकती।।

पत्तों के वह साथ में रहती।

सुख-दुख साथ में सहती।।

साथ होती अस्तित्व रहता।

ऐसे नहीं मरी रहती।।

पत्ती हरी भरी रहती।

जब तरु से जुड़ी रहती।।

मौत का खौफ नहीं

सत्य कहने की आदत पड़ी है, मौत का खौफ करता नहीं हूं।

जान हथेली पर लेकर निकलता, कायरों जैसे डरता नहीं हूँ।।

जुल्म कितना करेगा रे जालिम,जुल्म सहने की आदत थी पहले।

अब सुधर जाओ हद पार मत कर,बार बार माफ करता नहीं हूँ।।

तू क्या समझे गीदड़ भभकी से मैं, तेरी हर बात को मान लूंगा।

आज भी करता हूँ तेरी इज्ज़त,बेवजह तुझसे लड़ता नहीं हूँ।।

इंतहां तुम ना लो मेरे सब्र का, मैने सीखा है रिश्ता निभाना।

इसलिए क्रोध का घूंट पीता,तेरे जैसे अकड़ता नहीं हूँ।।

ईमान ईमानदार

तुम समझदार बनो और वफादार बनो।

सुखी जीवन जीना है तो ईमानदार बनो।।

एक ईमानदार पर कोई भरोसा कर लेता।

संतोष मन में रखो और जिम्मेदार बनो।

छल कपट कभी नहीं करता ना होने देता है।

सत्य निष्ठा कर्तव्य परायण का किरदार बनो।

स्वार्थ हित की कभी वह बात नहीं करता।

परोपकार ध्येय है उसका नेक विचार बनो।

ईमान बेच कर घर आलिशान बना लोगे।

पर अच्छी नींद चाहिए तो सेवादार बनो।

बेईमानी की धन से सुकून मिलता नहीं।

दिल में बसना है लोगों के तो उदार बनो।

बला सहता है पर स्वाभिमान नहीं खोने देता ।

तंगी कितनी क्यों न हो दिल की तुम पुकार बनो।

शील और करूणा ही मानवता की निशानी है।

गर्व से जीना है तो नेक इज्जतदार बनो।

मतदाता

जी हां, मैं मतदाता हूं।

वोट डालने जाता हूं।।

अपना कर्तव्य निभाता हूं।

देश की सरकार बनाता हूं।।

बाबा साहेब ने संघर्ष कर

कम्यूनल अवार्ड दिलाया।

गांधी एंड पार्टी को ,

था यह रास ना आया।

अन्न जल का त्याग कर

दो मताधिकार छीन लिए।

एक वोट का अधिकार दिए

पूना पैक्ट पर साइन किए।।

बाबा साहेब के प्रति गर्व

एहसान को दर्शाता हूं।।

जी हां मैं मतदाता हूं।

वोट डालने जाता हूं।।

उम्र अठारह जब हुई

तब मतदाता योग्य हुआ।

बीएलओ के पंजीकरण से

वोट देने का सौभाग्य हुआ।

प्रत्याशी अब हाथ मिलाते

चरण छू याचना करते।

सबको वचन हूं देता वो

मत लेने की योजना करते।।

योग्य का करता चुनाव

पूर्ण बहुमत से जीताता हूं।।

जी हां मैं मतदाता हूं।

वोट डालने जाता हूं।।

""

इंसान

इंसान का इंसान से मेलभाव होना चाहिए।

ईर्ष्या और घृणा का अभाव होना चाहिए।।

अंगुलीमाल स्नेह पाकर खुद को बदल डाला।

तथागत बुद्ध के जैसा सद्भाव होना चाहिए।।

इंसान को इंसानियत पर नाज होना चाहिए।

परोपकार का जनहित में राज होना चाहिए।।

इंसानियत में अहम का त्याग होना चाहिए।

बाबा साहेब जैसा त्यागी अंदाज होना चाहिए।।

भूखे को भोजन निर्वस्त्र को वस्त्र चाहिए।

सभी बच्चों को शिक्षा रुपी शस्त्र चाहिए।

गाडगे बाबा ने कहा बच्चों को शिक्षा दिलाओ।

ज्योतिबा फुले जैसा शिक्षक सर्वत्र चाहिए।।

सावित्रीबाई फुले जैसा इंसान में प्रण चाहिए।

नारी शिक्षा के लिए इनके जैसा समर्पण चाहिए ।

मां रमाई जैसा नारियों में विश्वास चाहिए।

इनके जैसा त्यागी पत्नी का साथ चाहिए।

इंसान को इंसान का सम्मान करना चाहिए।

करुणा दया और मैत्री का मान करना चाहिए।।

विश्व के सभी इंसानों में बन्धुत्व भाव हो।

इंसान को इंसानियत का ज्ञान करना चाहिए।।

""

आज की नारी नहीं बेचारी

संविधान के बल पर उसकी सर्वत्र भागीदारी है।

देखो आज भारत की नारी अब नहीं बेचारी है।।

उच्च पदों पर पदासीन लेती बड़ी जिम्मेदारी है।

देखो आज भारत की नारी अब नहीं बेचारी है।।

बाबा साहेब की देन से हिंदू कोड बिल पास हुआ।

समता स्वतंत्रता से नारी की दुर्दशा में सुधार हुआ।।

तब से नारी की अनवरत प्रगति सर्वत्र जारी है।।

देखो आज भारत की नारी अब नहीं बेचारी है।।

ज्योतिबाफुले ने नारी को शिक्षा देना आरंभ किया।

प्रथम शिक्षिका सावित्री बाई फुले ने दंग किया।।

आज वैज्ञानिक राजनेत्री न्यायिक दंडाधिकारी है।।

देखो आज भारत की नारी अब नहीं बेचारी है।।

जो नारी शिक्षित होकर अपने अधिकार को जान लिया।

सर्वत्र सम्मान होता उसका जिसने शिक्षा रसपान किया।।

पुरुषों से कदम मिलाकर चलती सरकारी कर्मचारी है।।

देखो आज भारत की नारी अब नहीं बेचारी है।।

'''

घर बेघर

बदनसीबी में गरीबी का कहर होता है।

एक यही दृश्य तो हर गांव शहर होता है।

कठिन होता है मौसमों की मार सह पाना।

खुला आसमान ही रहने को घर होता है।।

छप्पर के घर में बरसात बुरी लगती है।

घर में पानी भरे तो रात बुरी लगती है।

न खाना न पानी नहीं नींद अच्छी लगती।

दर्द किससे कहूं मुलाकात बुरी लगती है।।

न तो चाह रुपए की है नहीं चाह गहने की है।

चाह तो इस छप्पर को छत में बदलने की है।

जिसके छत दीवारों से मुझे सुकून मिले।

मुझे तो चाह सपरिवार मिलकर रहने की है।

मां से ममता, पिता से उनका चरित्र मिलता है।

बहन से सहयोग भाई से प्रेम पवित्र मिलता है।

दादा-दादी से साहस चाचा जैसा मित्र मिलता है।

घर के जैसा नहीं दुनिया में कोई फ़िक्र मिलता है।।

प्रेम और विश्वास का संयोग चाहिए घर के लिए।

आपसी त्याग व सहयोग चाहिए घर के लिए।

ईर्ष्या छल और लालच से घर बिगड़ता है।

परिवार का मनो योग चाहिए घर के लिए।।

"""

भ्रूणहत्या रोकें हम सब

गर्भस्थ शिशु जीना चाहे, स्वार्थ अंधा जन समझ ना पाय।

भ्रूणहत्या रोकें हम सब, जन जन को संदेश पहुंचाय।

प्रगति करते देश में अपने, बेटी बेटा एक समान।

समान वेतन समान अवसर, देता है अपना संविधान।।

सावित्रीबाई फूले नारी रमाबाई अंबेडकर महान।

रच गई इतिहास जहां में, पूजी जाती देवी समान।।

झलकारीबाई, शेख फातिमा, मदर टेरेसा को तू जान।

अमर है कीर्ति विश्व जानता,साहस त्याग और बलिदान।।

जिस बेटा की चाहत में, भ्रूण परीक्षण करें इंसान।

वह धन सम्पत्ति का लालची, करता है जीना हराम।।

मिलकर ठानों रहेंगे साथी,भ्रूण हत्या के सदा खिलाफ।

शिशु को प्यार सम्मान करेंगे,पूर्ण करेंगे उसकी आस।।

''